JN164395

会社の奴隷解放宣言

# ブランド人になれ!

Shintaro Tabata
田端信太郎

NEWS PICKS × GENTOSHA 幻冬舎
NEWSPICKS BOOK

# ブランド人になれ！

## 会社の奴隷解放宣言

# はじめに　会社の奴隷解放宣言

月曜の朝に憂鬱な顔をして満員電車に乗り込む。

上司の顔色をうかがい、就業時間まで我慢する。

昨日と変わらない退屈な仕事をひたすらこなす。

居酒屋で酒を飲みながら会社への不満を垂らす。


多くの人は奴隷のように会社に縛られて1日の大半の時間を使っている。

「奴隷の幸福」という言葉がある。

強制的に、有無を言わさず働かされる奴隷は、不幸なように見えるけれど、自分の頭で何をするべきか考える必要がないので、人はそこに安心を見つけ、幸せを感じる。

今までこの国は、終身雇用、年功序列が約束されていて、奴隷でいるほうが圧倒的に楽だった。会社の中でいかに評価されるかがすべてだったし、自分の仕事を聞かれたら、会社の名前を答えればよかった。

有名企業、安定企業に就職することこそがゴールだった。

そこからは上司の顔色をうかがってミスがないように仕事をこなす。会社に一生の忠誠を誓い出世レースを勝ち抜く。定年まで走りぬけば、退職金というご褒美を手に余生を過ごせる。そんな生き方が幸せの象徴だった。

しかし、世の中は大きく変わった。

どんな大企業でも変化に対応できなければ簡単に潰れてしまう。リストラなんて日常茶飯事だ。終身雇用、年功序列などは幻想だったと誰もが気付いた。

最近しきりに語られる「副業解禁」。このバズワードは何を示しているか。

それは「会社はあなたの面倒を見きれないから外で稼いでください」ということだ。政府が主導しているわけで、この流れはやがて本格化していくだろう。

「奴隷の幸福」を享受していたサラリーマンは、今頃になって焦っている。

会社が守ってくれるという幻想は、もはや全くないからだ。

サラリーマンであっても、「自分という会社」を経営しなくてはいけない。

アーティストやアスリートと同じように自分というブランドを磨き上げなくてはいけない。

不安に思うだろうか？　それともワクワクするだろうか？

僕は新卒でNTTデータに入ったのち、リクルート、ライブドア、コンデナスト、LINE、ZOZOと時代の最先端企業を渡り歩いてきた。自分の名刺代わりになるプロジェクトをいくつも立ち上げ、ブランドを打ち立ててきた。常に最先端企業に引き抜かれ続け、並のプロ野球選手以上の収入を得ている。

会社に仕事をやらされるのではなく、自分の手で仕事を選び取る。

無難な仕事ではなく、あえて面倒な仕事に身を投じる。

波風立てずに過ごすのではなく、顰蹙を買いながらでも名乗りをあげる。

既得権にしがみ付くのではなく、無謀なチャレンジに身を乗り出す。

成功パターンに固執するのではなく、新しいことを学び続ける。

社内政治を鼻で笑い、社外でこそ有名になる。

つまり会社の名前ではなく自分の名前で仕事をする「ブランド人」にならなくて

は、もうダメなのだ。なにも難しいことではない。特別なスキルや資格も必要ない。奴隷として染みついた発想や習慣を捨てるだけだ。その瞬間からブランド人への道は開ける。日本一のプロサラリーマンである僕がその方法を教えよう。

なにより、このソーシャルメディア時代ほどブランド人になることが簡単な時代はない。

マーティン・ルーサー・キングとともにアメリカ公民権運動を戦ったジェシー・ジャクソンは叫んだ。

「キャピタルのないキャピタリズムは、ただのイズムだ」
(Capitalism without capital is just an ism.)

大好きなこの名言を、僕はいつも胸に刻んでいる。

「ここで言うキャピタル(資本)って、要するにカネのことでしょ?」としか思えない君は、20世紀脳のまま思考停止している。そんな君は、とりあえず今から山に出かけ、滝に打たれるところから出直そう。

今どきのキャピタル(資本)は、金銭や土地だけではない。

人々に与える影響力、個人としてのブランドがまた、21世紀のキャピタルたりうるのだ。

ＳＮＳがなかった時代は、どれだけ実績をのこしても、会社にその実績は吸収されてしまった。しかし、今はＳＮＳで個人の名前を前面に出すことができる。

君がブランド人になる状況は完璧に整っている。

今こそ会社という鎖を嚙みちぎって、自分という「ブランド」を打ち立てろ。憂鬱な顔をして出勤するのではない。今日はどんなチャレンジをしようかと胸躍らせながら会社に乗り込むのだ。会社はステージに過ぎない。主役は君だ。僕についてこい。

本書はそのための武器になる。

『ブランド人になれ！』が「21世紀の奴隷解放宣言」になれば望外の喜びだ。

２０１８年７月４日　アメリカ独立記念日に

田端信太郎より

# 目次

第2章 己の名をあげろ

第１章

# 君は
# 誰を笑顔に
# したか？

**I find out what the world needs.
Then I go ahead and try to invent it.**

*Thomas Edison*

**まず世界が必要としているものを見つけ出す。
そして、先へ進み、それを発明するのだ。**

**トーマス・エジソン**
（米国の発明家、起業家／1847年～1931年）

# 汗水に価値はない

01

ブランド人への階段を登り始めようとしている君たちに、まず考えてほしいことがある。ブランド人とは仕事人だ。そして、

「仕事とは何なのか」

昼メシどきにそこらのラーメン店に入ると、どう考えても700円の値打ちなんてない、カップラーメン以下の味しかしない、まずい1杯に出くわしてガッカリすることがある。

ラーメン店のオヤジは朝から早起きして汗水たらしてスープを仕込んでいるのだろうが、彼が作るラーメンは客に満足を与えない。

それどころか「二度とこの店には来るものか」と憤りさえかき立てる。

客をがっかりさせるようなクソまずいラーメンしか作れない、ラーメン店のオヤジは、果たして「仕事をしている」と言えるのだろうか。

シンプルにまとめるならば、仕事のあるべき姿は「お客様に喜びを与えること」「他人の役に立つこと」だ。

よく「汗水たらして働いている人になんて無礼なことを言うのか」「どれだけつらくて苦しいか考えてみろ」と文句を言う人がいる。

はっきり言おう。汗水だとか、つらいだとか、苦しいだとかそれ自体には一切価値はない。

一言で言えば、「お客様を喜ばせること」、それだけがブランド人の仕事だ。どんなに苦労したって汗や血や涙を流したって、誰も喜んでいなければ仕事でも何でもない。

真夏の炎天下に、土だらけになってスコップで穴を掘り、またそれを埋める。額には大いに汗が流れるだろう。この汗水に意味はあるか？　ないに決まっている。その仕事に感謝してくれるお客様がいないからだ。

「働く」という漢字は「人偏《にんべん》＋動く」と書く。

君の仕事によって君のお客様が喜びに打ち震え、人の心を動かして初めて、君の仕事が世の中に価値を生み出したことになる。

脱サラの夢に燃えてラーメン店を始めたオヤジが、どれだけがんばってスープを仕込み、渾身の1杯を提供したところで、そのラーメンがおいしくなければお客様にとっては、インスタントラーメン以下の価値しかない。

「生活費を稼ぐ」とか「ニートから脱却する」といったチマチマした「虫の目」的

動機を脇において、「鳥の目」になって自分と自分の仕事と、お客様との関係を俯瞰してみてほしい。

君の仕事の本当のお客様は誰なのか？　他人や社会とどのような関わりをもっているのか。どうすれば、君の仕事がお客様とその集合体としての社会を盛りたてることができるのか。どんな大義や志がそこにあるか？

夜寝る前に、「今日1日の自分の仕事は、誰を喜ばせたのか？　誰の役に立ったのか？　誰から感謝されたのか？」

本書を読み始めるにあたり、まずはそこから考え始めてみてほしいのだ。

ブランド人への道は、お客様とともに歩むものだ。

# ドMからドSへ

02

炎上を怖れず、敢えて言いたい。

君の仕事がどれほどつらくても、誰にでもできる仕事であれば給料は上がらない。

工事現場を通りかかると、真夏の炎天下だろうが真冬の夜中2時だろうが、交通整理に励むオジサンがいる。

真夏にもなれば路上の体感温度は40度を軽く突破し、寒風吹きすさぶ真冬には氷点下でシバれるというのに、彼らは今日も明日も明後日も赤い棒をもって道行くクルマを誘導する。

この仕事はつらい、それは認めよう。でもつらい仕事でありながら、彼らの給料は驚くほど安い。

なぜならその仕事は、電光掲示板やロボットに代替できる単純労働だからだ。誰も感謝しない、喜びを与えることの少ない仕事だからだ。

そのオジサンが苦しみながら赤い棒を振ろうが、ロボットが電源の続く限り無表情で棒を振り続けようが、道路を走るクルマの運転手にとってはどちらでもいい。

給料が安く、つらくてたまらない単純労働であるうえに、誰からも喜ばれない。

こういう三重苦をオジサンは背負っている。

彼らの給料は「つらい仕事に耐え続けていることへの我慢料」ではないかと思うほどだ。

交通整理のオジサンばかり槍玉に挙げるのは、このへんにしておこう。実のところ、多くのサラリーマンも「給料が安い」「つらくてたまらない」「誰からも喜ばれている実感を得られない」という三重苦にあえいでいるのではないか。

仕事が終わって家に帰ってきたあと、風呂にゆっくり浸かりながら胸に手を当てて考えてほしい。今日自分がやった仕事のおかげで、いったい誰がどれだけ喜んでくれたのかを。具体的にお客様の顔を思い浮かべるのだ。

わずかな「我慢料」をもらうだけのドMすぎる労働者生活は今すぐやめろ。今日からドSになるのだ。Sはサービス精神のSだ。スペシャリストのSでもある。

君のドSプレイによって、どれほどの人を笑顔にできるか考えてみろ。ドSが世界を救うのだ。

君がブランド人に仲間入りするための第一歩は、この意識改革から始まる。

# 03

# 150円のカップラーメンを300円で売る方法

では、「どうすれば人は喜んでくれるのだろうか」。

ブランド人たるもの、極めてシンプルにして本質をついたこのポイントを、朝起きた瞬間から夜寝るまで常に考え続けなければならない。

たとえば、iPhoneの新製品を誰よりも早く手に入れたいがために、銀座のアップルストアの前で1週間も2週間も徹夜の座りこみを続けるクレイジー・ガイがいる。そんなクレイジー・ガイのために、魔法瓶に詰めたお茶やコーヒーをもっていったらどうなるか。

1杯100円の値段をつけて座りこみの列を練り歩けば、それなりの数が売れると思う。真冬のさなかに熱湯とカップラーメンをセットで出前すれば、原価150円のラーメンが300円で売れるかもしれない。

汗水たらしてまずいラーメンを仕込むことが仕事なのではない。

「どうすれば人が喜んでくれるだろう」と知恵をめぐらせ、相手の立場に立って想像力を働かせれば、喜びのリターンに応じて君の仕事の価値は上がっていくのだ。

ブランド人たるもの、「カネを稼ぐ」という自分本位の目的など捨て、「他人の幸せ」を考えなければならないのだ。それができたときにカネは勝手についてくる。

# 給料の値段はオマエが決めろ

04

「あなたはいくら給料が欲しいのか?」

もし口ごもって答えられないのならば、ブランド人になれるはずもない。年収は300万円でいいのか。600万円欲しいのか。それとも最低1000万円必要なのか。5000万円稼ぎたいのか。なぜ自分の価値を、はっきり数字として表さないのだ。

就活に臨む人間は、会社に対して自分の労働力を売ろうとしているわけだ。労働力を提供した引き換えに、その人は会社からカネを受け取る。取引相手(会社)が君を雇い、君の労働力を求める対価として、最大ここまでなら払ってよい、と思っている上限の金額を、自分なりに想像したり把握したりできていないのは甘い。

僕は、実際に面接をするときに何度も「あなたはいくら給料がほしいのか? 好きな額を言ってみてほしい。そして、自分がなぜその金額に値するのか? を説明してほしい。会社と社員は対等なのだから給料は会社が決めるものという発想はおかしいと思いませんか?」と聞いてみたことがある。別にこの手の質問に正解はない。

「自分は幼いころから母子家庭で育った。母親にはとても苦労して育ててもらったので、たまにはうまいものを食わせてやりたい。だから給料は月30万〜40万円は欲しい」

「秒速で1億稼ぐ男・与沢翼のようなライフスタイルを送りたい。猛烈に働くからカネはもらえればもらえるほどうれしい」

「今は自分の能力や人脈を増やす期間だから、カネは1円もいらない。その代わり大きなプロジェクトに関わりたい」

何でもいいのだ。「自分の値段」を言語化したうえで、給料に見合った労働力を会社に提供し、労働力に応じた適正な給料をもらえばいい。

「オレはサーフィンが好きすぎる。人生の第一優先として、とにかくサーフィンに打ちこみたい。九十九里の海沿いで1Kのボロいアパートに住めればそれでハッピー。だから、月々の手取りは15万円もあれば十分だ。その代わり、波の調子がいいときはいつでも休ませてほしい」

こういう生き方だって理にかなっている。

なぜかアマチュア・サラリーマンは、給料の値段は会社が勝手に決めるものだと信じている。まるでテストの採点結果を待つ学生のように、どの値段を示されようが言われるがままだ。

奴隷労働をしているわけじゃないのだから、なぜ「オレはこの金額でなければ働けない」「オレの時給はこんなものじゃない」と自発的に訴えないのだろう。そもそも、初任給の値段を勝手に決められて黙っている筋合いはない。

カネの話をすることは、下品でも何でもない。プロならば、当たり前のことだ。むしろカネの話にこだわらずに就職なり転職なりするなんて、自分を「ご自由にお取りください」と見切り品のワゴンに入れているのと同じことだ。そんなのはお人よしでも何でもない。自分という商品を売ることを放棄しているだけだ。

プロ野球選手やメジャーリーガーを見てみろ。彼らはいきなりカネの話から交渉に入る。自分のバットの一振り、投球一回にいくらの価値があるかを自覚し、ギャラに見合った仕事をする自信をもっているからだ。

真剣に仕事をする覚悟があれば、もらう金額も真剣に考えるはずだ。

君がブランド人を目指すのであれば、「自分の売り値」は自分で決めろ。この気構えからブランド人の道は始まる。

# 無礼者でかまわない

05

まさかとは思うが、ブランド人を目指す読者の君たちならば、年賀状という20世紀の遺物を毎年書いていることはないと信じたい。

あのような意味のない慣習に、なぜ多くの人々が縛られ続けているのだろう。

毎年11月にもなると「年賀状を格安で印刷します！」というDMが届き始める。そんなDMは、当然1秒でゴミ箱行きだ。

ところが多くのビジネスパーソンは、年賀状という謎の慣習を今でも大事にしているらしい。年賀状を100枚単位で出すせいで、歳末のクソ忙しいおりにヒーヒー言っている人もいる。

そもそも年賀状ほど、メッセージを伝えるフォーマットとして最悪なものはない。「賀正」という大きな文字や干支のイラストが入れば、文字を書くスペースはほとんどない。

わずかに残されたスペースを使って「今年もよろしく！」「おもしろい仕事をしましょう！」と一言書いて終わり。こんなゴミのような年賀状にいったい何の意味があるというのか。いまどき、ありきたりの年賀状を取引先からもらって喜ぶ人などいるのだろうか？

「自分も相手も喜ばず、誰も幸せになっていない」「単純に面倒くさい」。こういう仕事は、今すぐ躊躇《ちゅうちょ》なく切り捨てたほうがいい。

面倒くさがりであることは、罪でも何でもない。面倒くさいからこそ、余計な仕事を削る工夫が生まれる。そうして浮いた時間を、本来自分がやるべき仕事に振り向ければいいのだ。

「昔から続いてきた慣習だから」「社会人として常識ハズレだから」そんな言葉は無視しておけばいい。「失礼だ」「非常識だ」と口にし始めたときから人間の退化が始まる。

時はカネなり。ブランドづくりにおいて、「何をやらないか?」は「何をやるか?」よりも重要だ。昔から続いているという理由だけの意味のない仕事に時間を浪費するのは、今すぐやめてしまえ。

常識ハズレで十分だ。無礼者でかまわない。イノベーションはそこから生まれる。

# とにかく量をこなせ。量が質を生む

06

ここまで読んで頭であれこれ考えてしまった、そこの君！

難しいことはいい。まずは呪文のようにひたすら量をこなせ。

矛盾することを言うようだが、お客様などいなくてもいいから、最初はとにかく量をこなすのだ！

他人が喜んで銭を払ってくれるようなレベルにまで、仕事の本質を高めるためには、圧倒的な量をやりきる時期が絶対に必要だ。

量をこなさない人間が、ブランド人になることは絶対にない。

量は質に転化する。

たとえば、世界で最も有名で成功した最高のブランド人達によるバンドであるビートルズにも、ひたすら量をこなした下積み時代があった。メジャーデビュー前のビートルズは、イギリスからドイツのハンブルクに巡業に行き、ライブハウスで毎晩8時間、ときには12時間にもわたるステージを2年ほど続けていたそうだ。このハンブルクでの下積み時代がミュージシャンとしてのビートルズの土台を作った。

田端信太郎の下積み時代を話そう。学生時代にウェブ制作の仕事ですでに月収40万〜50万円を稼いでいた僕は、普通の就職活動をすることにはまったく魅力を感じなかった。

正月に実家に帰ったときに、親から「何を言っているのだ。人なみに就職活動くらいしろ」とハッパをかけられ、なかば無理くりリクルートスーツを買いに行かされた。やってみたら、就活はとても面白かった。最初からムリに内定を取ろう、という卑屈な気持ちが1ミリもないから、面接官に対して、「おたくの新卒採用のこのウェブサイトいくらで制作してます？　それ、ボラれてませんか？」みたいに生意気なことを言いまくった。グループ面接で、生意気な意見を好きに言い放っていると、同じグループの女子が尊敬の眼差しで僕を見ていることにも気づいた。マイクロソフトや、ヤフーに出向する前提での、ソフトバンクのインターネット事業部での採用枠など、様々な会社から内定を得た。結局のところ、新卒カードでないと入りにくそうな会社という印象で、NTTデータという堅い会社に入社することになった。

入社直後に任せられた仕事はメディア業界向けのデジタル放送システムの営業だ。BSデジタル放送の開局を2年後に控えており、僕が所属した「メディア企画営業」という部署には信じがたいほど大量のやるべき仕事があった。日中は顧客やパートナーとのアポが数件あり都内を駆けずり回る。帰社してコンビニのサンドイッチをつまみつつ会議に出る。夜になってやっとデスクワークだ。パワーポイントでの提案資料作りや、収支分析と見積もり提出のエクセル仕事に追われ、それこそ馬車馬のように働き、終電で帰れたらラッキー。会社の応接室のソファで寝ることもしばしばという生活だった。目の前のことを、とにかくガムシャラに片づけていった。

「質を追求するな。量をこなせ」

新人のうちはこの言葉に尽きる。

結果的にNTTデータは2年で辞めることになるわけだが、千本ノックのように大量の仕事をアウトプットし続けたあの2年間の経験は、ビジネスパーソンとして自分にとって本当に貴重な時間だった。

ビートルズのハンブルク下積み時代も2年だ。MBAを付与するビジネススクールや、弁護士になるためのロースクールの修習期間も2年だ。医師国家試験に合格してから、臨床実習をする期間も2年だ。

つまり、20歳を過ぎたような大人に対して、プロとしての基礎を形成するために、必要な育成期間は2年というのが世の中のスタンダードなのだ。

無駄に長く下積みをダラダラとする必要はない。2年でいい。ブートキャンプに入ったつもりで、ホースから水を飲むように、ガムシャラに量をこなし基礎を作れ。限界を超える仕事をし続ければ、振り返ったとき確実に自分のキャパは広がっている。「これだったらギリギリこなせそうだな」というレベルでは駄目だ。「こんな量は絶対不可能だ」というレベルの仕事を、必死でやりきる。

それを毎日繰り返せば、「1週間前のオレは、なんでこんなことで苦労していたのだろう」と思えるほど成長する。自信がつく。基礎体力がつく。

完全に追いこまれたとき、人は火事場のクソ力を発揮してモデルチェンジし進化する。「この苦境をどうにか脱しよう」と考え、工夫が生まれる。

ショートカットのコツをつかみ、要領が良くなり、生産性が高まる。

「ビジネス書でノウハウを学んで最初から生産性を高めよう」と思っても、意識が高いだけの勘違い男になるのが関の山だ。

「圧倒的努力で、大量の仕事をこなす」。これしか、ブランド人の階段を登り続けるための体力はつかない。

千本ノックを2年も続ければ、人は誰だって己のリミッターがハズれ、突破力を身につけられる。

今日で言う「働き方改革」とは真逆のムチャクチャなブラック労働も、若いころに一度くらい経験しておいても無駄ではない。

下積みの2年は労働じゃない！　学習のための2年なんだ。

プロ野球選手だってメジャーリーグの選手だって、ビートルズだって、必ず千本ノックの厳しいトレーニングを経験する。

ボクシングの世界チャンピオンは世界トップでありながら、毎日フルマラソンに匹敵する走りこみに汗を流し、死ぬ思いで何千、何万ものパンチをジムで打ちこんでいるではないか。

「ただひたすら量をこなす」という地道にして着実な基礎の上に、次なるフェイズが見えてくる。

プロとしての基礎がまるでできていないのに、ろくに汗も流さずおいしい仕事だけ分捕ろうなんていう虫の良い話は、世間のどこにも転がってはいない。

汗そのものには何の意味もないが、汗をかいたことがない奴にブランド人への扉は開かれるはずがない。意識だけ高い奴にはなるな。優雅に見える成功者の表面だけをなぞるな。自覚的に汗をかけ。たっぷりと。

2年間でいいのだ。集中的に自分の殻をやぶって、ブランド人としての基礎体力づくりのために、筋肉痛になろうが、仕事の筋トレを続けろ。バットを振れ。走りこめ。電話をかけろ。メールを送れ。パワポを書け。人前で話せ。

ブランド人を目指す諸君よ。とにかく量をこなせ。話はそれからだ。

第２章

# 己の名をあげろ

**I can accept failure,**
**everyone fails at something.**
**But I can't accept not trying.**

***Michael Jordan***

**失敗をすることは耐えられるが、**
**挑戦しないでいることは耐えられない。**

**マイケル・ジョーダン**
(米国の元バスケットボール選手／1963年～)

# 名乗りをあげろ！

07

ブランド人への道は「名乗り」をあげるところから始まる。古くから、日本の武士は、戦場で自分の名前を大声で名乗るところから勝負を始めていた。武士の作法として、名乗りをあげている間に攻撃することは良しとされなかった。それくらい、名乗りをあげることは大事なのだ。『平家物語』でも描かれているが、「遠からんものは音に聞け、近くば寄って目にも見よ」というように名乗りをあげる際には、味方の士気を上げ、敵方を恐れさせるように口上を工夫したのだ。ハッタリでも勢いでもいいから、誰よりも先に名乗りをあげてしまおう。チャンスがあれば、速攻で「我こそは！」と手を挙げる勇気こそ、ブランド人を目指す者にとって大切な心構えだ。

日本経済新聞の求人広告を見たのがきっかけで、僕がNTTデータからリクルートへ転職したのは2001年初春のことだった。しかし運が悪いことに、この年、ネットバブルは見事なまでに崩壊する。インターネットの世界で一旗ブチ上げてやろうと息巻いていた僕の目論みは、転職早々くじけてしまった。

だが、こんなことくらいで心がへし折れる田端信太郎ではない。

僕はリクルートで新規事業を立ち上げるための社内コンペ「RING」に早速エ

ントリーした。起業経験があったわけでもビジネスプランを作ることに長けていたわけでもない。ただ好奇心とワクワク感に突き動かされ手を挙げただけなのだ。

3年連続で「RING」に応募し、入賞を続けた。結果として、3回目の応募では、「R25」の前身となるプロジェクトでその年の最高となる準グランプリとなった。今思えば、その当時のプレゼンなどハッタリに近かった。

「RING」で入賞したからといって、ただちに事業が具体化されるわけではない。より詳細な事業計画書をまとめたり、収支の見通しを示したり、読者や広告主の反応を見るヒアリングをしたりして、社内のお偉方をきっちり納得させる必要がある。

若造が書いた事業計画書は、リクルート社内で「こんな事業はただのオマエのエゴや妄想じゃねえのか」「この新メディアを世の中に提供することに、どういう社会的な価値があるのか」と、さんざんディスられた。

「R25」をフリーマガジンとして配布するためには、当然のことながら広告を募らなければならない。様々な広告代理店を訪ねながら、結果的に、電通に全ての広告ページを完全に買い切る戦略パートナーになってもらった。60万部もの「R25」を毎週無料配布するための事業体制を構築するためには、たいへんな労力を要した。

「紙のポータルサイトを作る！」。半ばハッタリの大風呂敷を広げたプレゼンから始まった「R25」は、こうして首都圏の駅やコンビニで実際に配布されることになった。

27〜28歳の若造が立てた初年度での費用規模が約20億円の事業計画が、とうとう現実に実を結んだのだ。こうして誕生した「R25」は「これが無料で読める週刊誌なのか？」と、前代未聞のクオリティを実現したブランド力のあるフリーマガジンとして通勤途中のビジネスパーソンに人気を博することとなる。このプロジェクトが名刺代わりとなり、「我こそはあの『R25』を立ち上げた田端信太郎なり！」と勝ち名乗りをあげることから僕のブランド人への歩みが始まった。

目の前のチャンスに誰よりも早く「はい！」と名乗りをあげる。

実際にどう動くかは、それから考え始めたって遅くはない。早く名乗りをあげすぎたせいで赤っ恥をかいたところで、失うものはたいしてない。まずは名乗りをあげることでしか、ブランド人への一歩を踏み出すことはできないのだ。

ハッタリをかませ。全てはそこから始まる。

# 何も知らない金魚であれ

08

僕がいつも新入社員に語っている「金魚鉢理論」というものがある。

ここに金魚が20匹泳いでいる水槽があるとする。

その真ん中に透明なアクリルの板を入れて、片方にだけ金魚を寄せる。しばらく経つと何が起きるか？　金魚は向こう側に行けないということに気付き、片側だけで暮らし出す。あるときその仕切りをパッと取る。

するとどうだろうか。アクリル板を取ったにもかかわらず、金魚はそのまま水槽の片側でしか泳いで暮らさない。どうせ向こう側には行けないと洗脳されてしまったのだ。このような状態を、心理学では、「学習性無力感」という。

ではどうしたら、この金魚たちは再び水槽全体を泳ぐようになるのか？　正解は、「新しい金魚を2、3匹ほど水槽に入れる」だ。

アクリル板の存在など知らない新しい金魚は、無邪気に水槽全体を泳ぎ回る。

それ見た最初の20匹は、あれ？　そっち側に行けるのか！　となるのだ。

僕は新入社員に言うのだ、「君たちはこの新しい金魚の役割なんだよ！」と。

「経験がない」「知識がない」「記憶もない」というのはむしろ、若者の強みなのだ。

会社という組織に染まったサラリーマンの多くはとうに思考停止に陥っている。

経験。とくに、時代遅れの「成功体験」というのは実はとても厄介なものである。過去に通用した成功体験や勝ちパターンが鮮やかであればあるほど、それに固執してしまう。そういう意味では、手垢のついていない新人こそが最強なのだ。毛沢東は革命の三原則は「若いこと」「貧しいこと」「無名であること」と言ったが、持たざるものだからこそ、無理や無謀を突破できるのだ。

一番駄目な奴は、変に空気を読んで、先輩に倣って自分も片側に留まろうと忖度する金魚だ。

それでは新しく水槽に入れる意味がまったくない。

「誰があっちに行っちゃ駄目って決めたんですか？」とばかりに小生意気に泳ぎ回る金魚のほうが断然いい。それでこそ、ゆらぎと流動性が生まれ、組織は活性化する。

新人がすぐにできる最大の貢献は、組織に流れる暗黙のルールをゼロベースで問い直すことだ。「過去の記憶がない」新人にはそれが望まれているのだ。この「金魚鉢理論」は、就職面接のときにも使える。

大抵の学生は企業に忖度する。「ＬＩＮＥがいかに素晴らしいか」とか、「ＺＯＺ

Oがいかに素晴らしいか」とか語り出す。褒めれば受かると思っている奴が一番駄目だ。君は客のことを「イケメンですね！」と褒める安いキャバ嬢か。

わざわざ組織が新たに人を採る意図を考えてみるといい。当たり前だが、その会社やチームに欠けているものを補うためだ。

即戦力にはならなくとも、新しい息吹をもたらしてほしいという期待感がそこにはある。

むしろ、「おたくの会社はここがこう駄目で、私なら、その駄目な部分をこんな風に良くできます」と言える人間こそ採用される。青臭い意見でも構わない。もし今までに無い知識やノウハウ、視座を持ち込めれば最高だ。

面接で「御社の社員の方々ってなんでこんな広い水槽があるのに、その片側でしか泳いでいないんですか？」と言い放て。

アクリル板などどこにもない！　何も知らない金魚であれ。

ZOZOに入社してわずか数日で、前澤社長以外ではじめて炎上した社員となった田端信太郎を見習うのだ。

09

# 武士は打ち首。サラリーマンはノーリスク

会社に飼われているサラリーマンであっても、ブランド人として社会に旗印を掲げることはできる。独立してフリーランスになることが、ブランド人への唯一の道ではない。僕がその生きた実例だ。

先ほど紹介したとおり、僕がリクルートでフリーマガジン「R25」を立ち上げたのは27~28歳の若造時代のことだ。年間予算規模約20億円での全く新しい企画だけに、いろいろな人が、プロジェクトの意義や実現性にイチャモンをつけてくる。

企画がズッコケれば多額の損失を会社にもたらすのだから、リスクを怖れるのは組織人として当然だ。茨のハードルをクリアし、どうにかして自分の企画を形にするため、僕はほうぼうに根回しを重ねた。

事業化にあたって担当役員となったのは、現在、リクルートホールディングスの社長となった峰岸さんだ。当時は常務だった。毎週、何度も峰岸さんから厳しくプロジェクトの進捗をツメられ、「田端! おまえはオマエのご両親の老後資金がこのプロジェクトに投資されるとしたら、賛成できるのか?」とまで言われた。ここまで聞かれると、「売り言葉に買い言葉」と言わんばかりに「ええ! もちろん賛成です!」と生意気にハッタリをかますしかなかった。

「ここまで自信たっぷりに企画を通したのだから、『R25』が大失敗したらもうオレは会社にはいられないな」と思った。

だが、そこでハッと気づいたのだ。

おい待てよ、たとえ「R25」がズッコケて億単位の巨額の損失を出したところで、「給料を全額返還せよ」と迫られるわけではないじゃないか。

会社から多額の金銭を横領しているわけでもないし、事業失敗の責任を取って、昔の武士のように打ち首になることもない。

責任を取るといっても、せいぜい会社をクビになるくらいだろう。打ち首に比べれば、かすり傷だ。そのときは転職活動をし、次の職場を探せばいい。

サラリーマンではなく、フリーランスだとしたら話は別だ。フリーランスが自ら立ち上げた事業に失敗すれば、貯金を切り崩したり借金をしたり、自分で全責任を負わなければならない。

僕は気が付いてしまった。実はサラリーマンこそ、ギャンブルし放題なのだ。

この本を読んでいる君が今サラリーマンをやっているのならば、「会社の持っている資産を利用させてもらいながら、自分なら勝てるはず！　と思うギャンブルに挑む」という最高すぎる特権を活かさない手はない。

個人としてスポットライトを浴び、一大プロジェクトを立ち上げたあと、万一プロジェクトがズッコケてしまったとしよう。なーんの問題もない。

次の日からまたキラキラした目をして出社すればいい。

「失敗したあのプロジェクトを手がけたのはアイツだぜ」と後ろ指をさされるくらい、どうってことはない。

悪意をもって会社に損失を負わせたわけでなければ、君の失敗は会社の財産になり、君自身の経験に変わる。失敗や炎上を怖れて無難な仕事だけをこなす。可もなく不可もない人生を歩む。これではあまりにつまらない。そこに君が生きた証がないではないか。せっかく組織という強固な後ろ盾があるのだ。「オレには失うものは何もない」と居直り、どんどんギャンブルしてしまえばいい。

「サラリーマンはノーリスク」という特権を利用しながら、君もブランド人としての箔を今日から重ねていこうではないか。

さあ打席に立って、バットを振りまくれ。狙うのはいつもホームランだ！

# 上司を共犯者にせよ！

10

若い君がたった一人で奮闘するだけでは、プロジェクトのスケールはなかなか大きくならない。君の名も轟かない。

だったら上司を巻き添えにし、共犯者にしてしまおう。若者の思い付きで始まったプロジェクトも、上司やお偉いさん方を巻き込むことによって社運を賭けた大プロジェクトに発展するのだ。

チマチマした仕事をしていたって仕方がない。ブランド人の仲間入りを果たすために、ときには上司に「口八丁」のハッタリをかますことだって必要になる。

リクルートでの「R25」時代、僕の直属の上司に、Tさんという一風変わった先輩がいた。Tさんはベンツ S500を乗り回して、平日から接待ゴルフをやりまくっていた。

彼は週に2～3回しか会社へ来なかった。珍しく会社に来たと思ったら、30分くらいだけ自分の机にいて、届いている郵便をチェックしたりしながら、ガチャガチャと用事を済ませてどこかへいなくなってしまうのだ。「釣りバカ日誌」のハマちゃんにとっての釣りをゴルフに置き換えたようなサラリーマンがリアルに存在するとは、衝撃的だった。

Tさんは営業一筋で根っからの営業マンなのだが、プロゴルファーなみにゴルフがうまく（実際にその後、シニアプロになった）、人間味あふれる性格でお客さんと部下から本当に愛されていた。

だから、期末に「あと3000万円ほど目標まで数字が足りない」と、かつての部下たちがピンチになると、電話一本で「ゴルフの弟子筋」にあたる広告主の偉いオジサンから大きな仕事を受注してくるのだ。ゴルフで仕事を取ってきているという意味では当時からすでに本物のプロゴルファーだった。

「俺は仕事はしない。仕事はしないが責任は取る。責任を取るのだけが俺の仕事や！　俺のハンコは、この引き出しに入っているからテキトーに押しといてエエよ」。これがTさんの口癖だった。社内で役員向けの報告会議で「この営業進捗の状況で成功するのか？」と厳しく迫られて僕が窮地に陥っているとき、Tさんはほとんど、大ぼらに近いハッタリを利かせ「20年近く営業やってきて、四半期ごとの目標達成率90％近い実績の僕がついてるんで大丈夫です！　役員の皆さんは僕を信じないのですか？」とまで言い切ってくれた。帰り道「あんな大風呂敷を広げて大丈夫なんですか？」と心配する僕に、「イザとなったら俺がクビになればええんだろ。そろそろ本気でプロゴルファーになろうかと思ってたから、丁度エエわ。だから、お前らは心配するな。内向きの言い訳仕事にエネルギーを使うなよ！」と背中をグッと押してくれた。

このときほど、僕は上司の言ったことに心が痺れた瞬間はない。

リクルートで僕の味方になってくれた上司はTさんだけではない。現リクルートホールディングスの社長の峰岸さんも、僕をサポートしてくれた。

「R25」創刊の過程は順風満帆だったわけではない。「首都圏で無料の週刊誌を60万部もバラまく」という誰もやったことのない前代未聞のプロジェクトに対して、社内からの逆風は強かった。他事業部門の持っている街なかのラックを「R25」でも利用させてもらおうと依頼にいったときには、30～40分ほど「こんなもんうまくいく訳ねえだろ！　そんな負け戦になんで俺らが協力しないとアカンのだ！」と別部門の担当役員から怒鳴られまくったこともある。

そんな打ち合わせを終え、プロジェクトメンバーで下を向きながら日比谷の路上をトボトボ歩いていると、峰岸さんが僕に言った。「オマエら、あそこまでメチャクチャに言われて悔しくねえのか。オレは悔しい。このプロジェクト、オレが責任をもって絶対うまくいかせるからな！」。

「R25」創刊を夢見る僕の無謀な熱狂が峰岸さんに伝染し、スイッチがオンになった瞬間だった。本社スタッフ部門だけで温められたプロジェクトであった「R25」が、事業化にあたって峰岸さんの担当する社内カンパニーに切り出された。当初は、必ずしも乗り気だったわけではない峰岸さんが僕以上に熱くなってくれたのだ。「よし。これでポイント・オブ・ノー・リターンを越えた」。僕は武者震いした。それ以来、週一の進捗報告ではなく、毎日夕方には常務である峰岸さんが平社員である僕の携帯に電話をかけてきて、「今日は幾ら広告が売れたんだ？」と報告を求められた。

たった一人の熱狂は、やがて周りに伝播する。君がどんなに優秀であっても一人でできることは限られている。上司や同僚を熱狂に巻き込むことが何より重要だ。「クビになったってかまわない」というくらいに腹をくくれば、その覚悟が周囲に伝わる。目の中に炎を灯して、ビジョンや大義を語ればその熱は伝播していく。

熱狂を生み、人を巻き込むことができるようになれば、ブランド人として一流だ。

# 売り上げよりもインパクト

11

ブランド人への階段を一歩ずつ上っている君は、「今月の売り上げ目標、利益目標」などという強迫観念に胃を痛める必要なんてない。

もう時効だから許されるとは思うが、僕が創刊に携わった「R25」で、リクルートは全く儲かっていないと思う。僕は「R25」を創刊してから1年ちょっとでライブドアに転職した。だからトータルで収支がどうだったのか、確かめることすらできなかった。初年度で10億円ぐらいの赤字が出たことは間違いない。10億円の赤字は事業計画どおりだ！

少なくとも僕がリクルートに在籍していた「R25」旗揚げ当初は、とても利益が出る段階ではなかったと思う。

しかし数字的にまったく儲かっていなかったにせよ、リクルートの既存の事業の中で「R25」旗揚げは異彩を放っていた。あのときの「R25」旋風によって、リクルートは世の中に新しい価値を提供できたと自負している。そして、このような社会的インパクトこそがキモなのだ。ブランド人にとっては自らのプロジェクトによって、世の中に、問題提起という大輪の花火を打ち上げることが最重要だ。できるだけ高く、できるだけ華やかに！

考えてもみてほしい。君が組織に所属するサラリーマンである限り、いくら利益をもたらし、いくら会社を儲けさせたところで、利益に連動して君の給料が増えるわけでもない。せいぜいボーナスが何割か増えたりする程度だろう。

会社は利益至上主義で君たちに厳しくハッパをかけるかもしれないが、そんなものはブランド人個人にとっては、制約条件でしかないのだ。上手くいなしておけばいい。このさい脇に置いてしまえ。

ブランド人になりたければ、社内での人事評価ではなく、社外へ向けて、圧倒的なインパクトを残すことを最も重視するべきだ。仕事をするにあたって、途中プロセスでしかない社内評価ではなく、社外でのインパクトと爪痕をより重視することがブランド人の基本態度だ。

ビールや発泡酒の新商品が出ると、よくCMや新聞広告で「プリン体が50％カット」「70％カット」になりましたとか大騒ぎしている。プリン体の数字を競って地味に商品の売り上げが伸びたとしても、翌年には99・99％の人がその商品の存在をコロッと忘れている。

そんなもの、社畜にやらせておけ。じきにＡＩが代わりにやってくれるはずだ。

わざわざ新商品や新しいサービスを世にリリースするのならば、失敗したら超大ゴケ、成功すれば最低10年は人々の記憶に残るような大バクチをしたほうが、夢とロマンがあふれるではないか。

誰にでもできる仕事でお茶を濁し、月々のサラリーをもらって良しとするつまらない社畜人生を歩んでいては一生、ブランド人への道は開けない。

どうせ働くのなら、人々の記憶に爪痕を残し、ブランド人として伝説を作ってみないか。もちろん利益は大切だ。しかし目の前の小さな小銭を取りに行くことに何の意味がある。

どうせなら世界を驚かそう。顧客を喜ばそう。財務諸表という記録に残るのでなく、人間の記憶に残る仕事をしよう。

人々の記憶に焼きつくようなインパクトある仕事ができれば、利益はあとからついてくる。

# さらば昭和のサラリーマン

12

昭和のサラリーマンは、会社という錦《にしき》の御旗《みはた》を誇りとし、組織に忠実な兵隊として一生を終えてきた。

ブランド人を目指す君は、社畜に甘んじる昭和のサラリーマンと決別宣言をしてほしい。

誰を意識して仕事をするかによって、仕事のパフォーマンスは大きく異なってくる。上司から評価され、社内で昇進のエレベーターを昇ることばかり考えているサラリーマンは、「新しい価値を創造しよう」というみずみずしい息吹をもたない。

給料をくれるのは上司でも社長でもない。ユーザーだ。消費者だ。お客様だ。

有名な一流企業でそこそこの評価をもらって、定年まで勤められればそれでOK。このような生き方はブランド人からほど遠い。

日本中、世界中に散らばるユーザーの顔を思い描きながら仕事をすることができていれば、サラリーマンの上位1割に入っているに違いない。

インターネットやスマートフォン、SNSがなかった時代のサラリーマンには「ブランド人を目指そう」という発想すらなかった。環境もなかった。

人事評価は会社という閉じたコミュニティの中だけでなされ、個人の仕事ぶりは外部に可視化されなかった。

今は時代が違う。ネットとSNSをうまく活用することによって、サラリーマンとして会社勤めをしながら、プロ野球選手やプロサッカー選手のように、映画監督や建築家やミュージシャンのように「個を際立たせる」ことが可能になった。

ブランド人は、21世紀の今日になって出現した突然変異体ではない。

戦国時代の傭兵は、まさにブランド人そのものだ。最初は雇われの一兵卒だったとしても、戦場で敵方の指揮官を討ち取れば、たちまち大名から高く評価される。

藤堂高虎という戦国武将を知っているだろうか。彼は主君を7度も変えた。数々の戦功と、さらには築城の名人という評判で、晩年は徳川家康からの信頼も厚く、一兵卒から32万石の大名にまでのし上がった。

藤堂高虎の兜はインパクトが飛び抜けていた。戦国時代の有名な武将は、みな特徴的な兜をつけている。この理由が分かるだろうか？　戦場でまみえた瞬間に、味方からも敵からも、「こいつが、噂の藤堂高虎か!?」と思われなければならないのだ。シャア専用ザクが真紅なのと同じだ。

戦場でも「俺だ俺だ俺だ！」と全身でアピールしているわけだ。目撃者のいない、名前と紐付かない武勇伝には意味がない！　だからこそ、戦国時代には、武勲で有名な武将は、こだわりの勝負服を身に着け目立つ兜をつけていた。

そのような派手な格好で、戦場に赴くたびに目覚ましい活躍を見せれば、その傭兵は「軍神」扱いされてあちこちの大名からスカウトされるようになるだろう。

藤堂高虎のように、ヒリつくような緊張感漂う戦場で手柄を立てれば、無名の一兵卒があちこちの大名から引っ張りだこにされるのだ。

ウソのような伝説でも、ひとたび作ってしまえば、口伝えで一人歩きする。そしてそこに、人もカネもついてくる。

戦国時代なら武勇伝は口伝えでしか広がらなかったが、SNSがある今ではその伝説は一瞬にして世界中に知れ渡る。

戦国時代の武将のようにド派手に振る舞え。そうして一旗揚げたときにこそ、君の名前がブランド人として世の中に轟き渡るのだ。

# 上司とメシになんか行くな

13

打ち合わせや相談もないのに「おい、ボチボチ昼メシ行かないか」と上司が何となくランチに誘い、「はい」と言って部下がゾロゾロとついていく。

こういう場面では、我々ブランド人は「嫌われる勇気」を発揮してキッパリと断りたい。

職場の同僚と仲良くすること自体は、もちろん悪いことではない。

しかし自分と職場、自分と会社が同一化し、食事の時間まであまりにも密接に癒着している状況は、まったく健全ではないと思うのだ。

上司と部下という関係性は、あくまでも仕事上の役割分担でしかない。なのに上司から昼メシに誘われたら、コバンザメのように無条件についていく。終業後の時間は個人の自由のはずなのに、上司から何となく飲みに誘われたら何となくついていく。部下が自分の後ろについてきてくれることを、上司は当たり前のように期待する。

滑稽なことに、こういう飲み会は誰にとってもハッピーではない。

上司は上司で「オレも昔は先輩上司におごってもらったもんだ。今度はオレが後輩におごってやる番だ」と義務感に駆られ、飲み屋に連れていった後輩に退屈な自慢話や説教を垂れる。

誘われた後輩もありがた迷惑なのだが、「嫌です」と言えず愛想笑いに努める。こういう不毛なメシ会や飲み会が、日本社会にはあふれている。

君にはっきり言おう。

「ブランド人になるとは、社畜の群れからの抜け駆けである」と。

昼時に、オフィス街を歩いていると、首から会社のネームプレートを下げた間抜けな社畜たちが「連れション」ならぬ「連れメシ」をしている。

社畜にとっては、このグループ内でいかに振る舞うかが重要だ。

誘いを何度も断ると、同僚から嫌われて陰口を叩かれるので怖い。だから自分のペースを崩して、食いたくもないタイミングでランチに出かけ、飲みたくもない酒を飲みに居酒屋へ繰り出す。サラリーマン的な無言の同調圧力は、実にくだらない。「いや、私はまだ昼休みにはしません」とか「飲みはスルーで」と笑顔で断るところから、魂の独立が始まるのだ。

ブランド人になるとは、孤独を恐れず、孤高の存在を目指すことである。

NOという一言すら言えず、自分の時間を他人に侵食されてストレスを募らせるのは、あまりにもバカバカしい。

昭和的な「以心伝心で察して文化」や「無言の同調圧力」というものは、実に面倒くさい。定時ピッタリに仕事を終え、先輩より先に帰ったって無問題だ。

誘いを断ることを恐れていつまでもノーと言えず、被害者意識をためる。あげく、ある日突然「私は上司からアルハラを受けています」とブチギレてしまったりする。これではお互いが不幸の連鎖だ。

毎日顔を合わせて、机を並べて働いている人間とばかり一緒にメシを食い、酒を飲んだところで、脳みそに刺激を受けるわけがない。

同質性を帯びた空間から敢えて離れ、異質な人間とつるむからこそ、イノベーションとヒラメキが刺激される。

似たような人間とつるみ、社内の人事のウワサ話に興じる。その場にいない同僚や上司の陰口を叩き、居酒屋でくだをまきながら「やっぱそうっすよね！」と負の結束を強める。こんな人間は、ブランド人の風上にも置けない。

誘われたから、と思考停止で上司や同僚とばかりランチや飲み会に行くような人間は、ビジネスパーソンとして終わっているのだ。

ブランド人を目指すのであれば、あなたが今月、社内の人とランチをしたり、夜に飲みにいった回数を数えてほしい。そして、社外の人とランチをしたり、夜に会食した回数も数えてほしい。前者が後者を上回っているようであれば、黄色信号だ。

誰とメシを食べているか？　これほどに君のブランド力を表す行為はない。

# 14 仕事にはクレジット（署名）を入れろ

マッキンゼー・アンド・カンパニーと言えば、世界に名だたる経営コンサルティング集団として有名だ。

大前研一氏や勝間和代氏のような有名人、大学教授やＩＴ起業家、国会議員といった多彩な人材を、この会社は輩出してきた。

マッキンゼーで働いた経歴がある人は、マッキンゼーというブランドイメージのおかげでその後の人生をうまく渡り歩いていけたりする。

だが僕から見れば、マッキンゼーのようなコンサルティング会社で働くことには、今やほとんど価値がない。

なぜか。あの種のコンサルティング会社で働いたところで、「この仕事はオレがやりました」と言えないからだ。仕事の具体的な中身は、守秘義務という縛りをかけられて退職後も口にはできない。自分が手がけた仕事であっても、職業倫理として「オレがやりました」と言えず、黒子に徹しないといけない。これではつまらない。あくまでクライアント様のための裏方仕事なのだ。

映画の世界であれば、監督や脚本、編集や主演キャストのみならず、小さな脇役やスタッフ一人ひとりの名前に至るまで、エンドロールではっきりと示される。

宮崎駿監督のアニメーションのように海外の国際映画祭で大きな賞を取れば、エンドロールに名前がある人にとっては、自分の仕事が世界から賞賛を受けたに等しい。

コンサルティング会社の仕事はどんなに企業の成長に貢献しても、自分個人の仕事として語れない。十分な給料がもらえるかもしれないが、その実績は陰に隠れてしまう。カネ以外の功績は企業に全部吸い取られてしまう。それでは何の意味もない。手に入れるべきはカネより信頼だ。クレジットや署名（シグネチャ）のないところにブランドは決して築かれない。

君たちは、これから田端信太郎のようなブランド人になろうとしているのだ。ならばブランド人としての仕事の爪痕を、社会という碑《いしぶみ》に刻んで歩け。そういう仕事を選び取れ。

碑に名前を刻んでおけば、やがてより魅力的なオファーが舞い込んでくるはずだ。

# 「優秀な人」より「おもしろい人」のほうが強い

15

「優秀な人」と「おもしろい人」のうち、どちらの希少価値が高いか。断然、後者だ。

ペーパーテストで成績が良い「偏差値秀才型の人間」は、世の中には掃いて捨てるほどいる。このAI時代に、優秀さは簡単にコモディティ化するが、人間としてのおもしろさは絶対にコモディティ化しない。

孫正義社長にしろ、ホリエモンにしてもZOZOの前澤友作社長にしても、メルカリの山田進太郎社長にしても、彼らは戦国大名のようだ。

学歴が高いとか低いとか、彼らはそんな過去の経歴は歯牙にもかけない。人間としてのおもしろさと凄み、野望と大義、そして戦闘力を毎日研ぎ澄ましているから、彼らはビジネスという「命を失う心配のない戦」で次々と太刀を振り下ろし、ものすごい矢を放ち、大戦《おおいくさ》をしかけている。

そしてただ強いだけではない。見るものを魅了するオリジナルなスタイルがある。

ホリエモンや前澤社長は、三国志の登場人物をイメージしてみるとわかりやすい。諸葛亮孔明や張飛、曹操といった三国志の猛者たちは、最初から歴戦の勇士だったわけではない。

戦いの前線で武勇伝を重ねているうちに「あいつは何者だ」と名前が知られ、歴史に名を残すようになったわけだ。

日本のイノベーターの中でも、ホリエモンほど数多くの武勇伝を残してきた「おもしろい人」はいない。ライブドアが飛ぶ鳥を落とす勢いだったころ、ホリエモンは「電波ジャック」と言わんばかりに全テレビ局のニュースや情報番組を独占した。

プロ野球チームを買収するとか、フジテレビやニッポン放送を買収するとか、彼はその発言一つで日本中の注目を集めた。大物政治家・亀井静香の選挙区で国政選挙に出馬したことまである。

そしてホリエモンは「東京地検特捜部に逮捕される」という誰にも真似できない大ネタで全ニュースのトップを飾った。ライブドア事件が起こり、逮捕されたことは、『『ホリエモン』という個人ブランド構築にとっては、非常に『おいしい』ことだったのだよ」と評論家の岡田斗司夫氏と対談したときに彼に言われ、当事者の端くれだった僕はさすがに苦笑いすることしかできなかったが、確かに一理ある、と思う。東京地検特捜部に逮捕されるなんて、カネで買える経験ではない。

あのころホリエモンの部下として働いていた僕は、どうにかしてライブドアニュースをヤフーニュースを追いぬいてトップに押し上げようと奮闘していた。その矢先に、自分の会社の親分が逮捕されてしまったのだ。

しかし、先の岡田斗司夫氏の発言を先読みするように自分自身が最強のコンテンツであることを、ホリエモンは熟知していた。逮捕直前のホリエモンと偶然に六本木ヒルズ38階の会社のトイレで会ったとき、僕はこう言われた。

「オレが体を張ってネタを作ってるんだから、とにかくオレを最大限活用しろ。ネガティブでも何でも構わないから記事にしてページビューを稼げるだけ稼げ！」

衝撃だった。人生最大のピンチを迎えている状況で、ここまで自分をネタにできる人間がいるのだろうか。

そこからライブドアニュースは「ホリエモン逮捕へ！」という超おもしろコンテンツをトップに据えた。

「東京地検特捜部による逮捕がカウントダウンに入った」と言われていたころ、ライブドアの株価は毎日ストップ安だった。

会社には、株価が下落して大損をこいた株主から怒りの電話がガンガンかかってきた。

「オマエのところのポータルサイトは、なんで自社の株価が下がるようなニュースをトップページにうれしそうに載せてるんだ。イカれているのか。組織としてガバナンスがなってない！」とかなんとか、ＩＲの人たちはワーワー文句を言われたものだ。

もちろん、この意見にも一理ある。しかし、ライブドアニュースは中立性を重視し、自社の不利益になろうとも、ユーザーが求めるもの見たいものを最優先した。結果的に、アクセスは増え、ホリエモン逮捕以降でも事業価値が維持されることに貢献できた。我ながら、良い判断だったのではないかと、密かに誇りに思っている。

年商何億だとか、時価総額いくらだとか数値は、一つの指標にすぎない。人はどうなるのかわからない予測不能なことにワクワクする。どんなに優秀であっても予定調和で予測可能の安定した人生を送っている限りブランド人への道は拓けないのだ。安く定まると書いて安定と読む。

正しいよりも楽しい道を、賢いよりもおもしろい道を選び取れ！

# 16

# 35歳までにヘッドハンターから声がかからないとヤバい

君は今までの人生で、ヘッドハンターから「ウチに来ないか」と声をかけられたことがあるだろうか。もし、あなたが35歳以上で、そういう引き抜きの声がけの経験がなかったら少しヤバい。焦ろう。

プロ野球やメジャーリーグの世界であれば、プロとして将来有望な選手にスカウトが群がって「ウチに来ないか」と口説きにかかる。これと同じように、ビジネスパーソンの世界にも人材発掘のヘッドハンターが存在するのだ。

ライブドアに勤めていた30代前後のころ、僕は執行役員メディア事業部長として、ホリエモン事件で信用が失墜したライブドア再建に奮闘した。

そして「BLOGOS」や「MarketHack」といった新しいメディアを次々と立ち上げていった。あのころは、さまざまな業界のヘッドハンターから毎月1~2件は引き抜きの声がかかったものだ。

のちに僕はライブドアからコンデナスト・デジタル社へ移籍し、「VOGUE」や「GQ JAPAN」「WIRED」といった雑誌のデジタル化を手がけた。

コンデナスト・デジタル社へ移籍したのは、僕が自ら手を挙げて転職活動をしたからではなく、ヘッドハンティングされたからだ。

もちろん別の会社からも「出版ビジネスのデジタル化を手伝ってほしい」という声はかかっていた。ひっきりなしだった。

さて、君たちがヘッドハンターの視界に入るようにするためには、いったいどうすればいいのだろう。

その方法は驚くほど簡単である。業界の人々が集まるカンファレンスやイベント、勉強会に登壇し、スピーカーとしてベラベラしゃべってしまえばいいのだ。「こいつの話はおもしろい」と思ってもらえれば、別のカンファレンスやイベントからも続いて声がかかるようになる。

そうすれば、「○○業界で××の分野といえばこの人!」という存在になる。

35歳を過ぎてもヘッドハンターからまったく声がかからないとしたら、君はビジネスパーソンとしてかなりマズイと危機感を覚えたほうがいい。

「人買い」のレーダースクリーンに映っていないということは、君という人間が「業界に存在しない」に等しい。グーグルの検索結果に出ないウェブサイトが存在しないも同然なのと同じだ。ヘッドハンターから口説かれるようになれ。

# 虚が実を生む

17

さて、業界人が集まる勉強会やカンファレンス、トークイベントから声がかかるようになれば、君もブランド人の仲間入りだ。

このような話をすると、「そんなものは虚像だ」というようなことを言う人がいる。

では虚像とはいったい何なのだろうか。

マーケティングの世界では〝Perception is Everything〟という有名な言葉がある。認識こそ全てだ。

何が虚なのか、何が実なのかなんてはっきりしていない。

むしろハッタリをかましているうちに、ハッタリが本物に様変わりしてしまうこともある。そう、虚と実はお互いに追いかけっこをしているものだ。

講師やスピーカーとしてイベントに呼ばれたときに「オレには人前で話すような知見なんてない」と気後れする必要はない。

最初は自分が思っていることをうまくしゃべれないかもしれないが、場数さえこなせば誰だって話し上手になる。

そして何より、人前で話すことほど勉強になる経験はない。誰にでもわかりやすく話をし、人々の心に熱狂を灯していく。

アウトプットをしなければいけない状況に追い込まれれば、人はそのレベルに追いつこうと、学び、成長するものだ。

「人前に出て話をするのは十分にインプットしてからだ」なんて回りくどいことは考えないでほしい。全ての信号に青が灯るチャンスなんて永遠に来ない。

英語だって「ＴＯＥＩＣやＴＯＥＦＬを勉強していい点数を取ろう」なんて言っていたら、実際に英語を使いこなせるようになるのはずいぶん先になってしまう。

しかし「英語は得意だ！」とハッタリをかまし、英語プレゼンの場に出たり、外資に転職してしまえば、どうにか英語をマスターしようと努力し、実体が追いついてくる。

みんな順番が逆なのだ。

プロパガンダの天才といわれた、ナチスドイツの宣伝大臣であるヨーゼフ・ゲッベルスはこう言った。

「もしあなたが十分に大きな嘘を頻繁に繰り返せば、人々は最後にはその嘘を信じるだろう」

まずは虚像でも何でもいいから自分をステージに上げろ！　そしてそこから必死に辻褄を合わせろ。虚が実を作るのだ。

# 「何を知っているか」より「誰に知られているか」を問え

18

現代を生きるブランド人にとって、もはや表面的で形式知なノウハウをいくら蓄積してもたいした意味はない。そのようなノウハウや知識自体など、ググれば誰でも1秒で知ることができるからだ。

君がどれほどのノウハウを身につけているかは、大して意味をなさない。「君が何を知っているか」「何に強みをもっているか」という事実よりも、君が何を知っていて何に強いかと、「誰に知られているか」のほうが、これからの君のキャリアにとってはるかに重要なのだ。

テレビのバラエティ番組で「芸能人格付けチェック」というゲームを見たことがある読者も多いと思う。

中身がどちらのワインなのか秘密にしたうえで、1本何十万円もするロマネ・コンティとコンビニの安ワインを飲み比べてもらう。

普段グルメを気取っている芸能人が、1本800円の安ワインのほうがうまいと判断してしまったりするから笑える。

ワインの味なんて、ちゃんとわかっている人はほとんどいないに等しいのだろう。

ではなぜ人は、何十万円も払ってでも1本のワインを飲みたいと思うのだろう。

そのワインに強いブランド力があるからだ。ストーリーがあるからだ。

ソムリエが有難いウンチクをたれて高そうなグラスにサーブしてくれるだけで、ワインは一味も二味も違ったように感じられる。自宅で紙コップにワインを注げば、同じ味には感じられない。

名だたるグルメや経営者、芸能人が「このワインはすごい！」と褒めちぎるから、ロマネ・コンティはコンビニワインの100倍どころか1000倍もの価値をもつに至った。現に20年前、30年前と比べて、ロマネ・コンティの値段は信じられないほど膨れ上がっているのだ。

ライブドアで経営再生を終えたあとに、僕はコンデナストという出版社に入った。コンデナストは、「VOGUE」や「GQ」「WIRED」といった有名な雑誌タイトルを持つ歴史と権威のある出版社だ。その社長であり、「VOGUE」や「GQ」の編集長も務めた斎藤和弘さんという方がいた。コンデナスト以前は、「BRUTUS」の編集長も経験した、いわゆるスター編集者、カリスマ編集者である。

「VOGUE」というのは米国やイギリス、フランス、イタリア、中国など日本以外でも各国で発行されている。その記事内容は、国ごとにかなり自由裁量の余地がある。内容が違うのだから当然だが、雑誌としての売れ行きや広告収入にも国ごとに大きな差がある。そんな「VOGUE」各国版の編集長たちが、パリコレやミラノコレクション、あるいは年に1〜2度開かれる本社での会議などで揃うのだ。自ずから、編集長同士の間でも、格や序列といったものが出来てしまう。最高位に君臨するのは、映画「プラダを着た悪魔」のモデルにもなったことで有名な、「VOGUE US版」の編集長を長く務めるアナ・ウインターあたりだ。

「VOGUE JAPAN」は2000年代に入って創刊され、まだ歴史も浅いこともあって、当初は世界各国の「VOGUE」の中でも、それほどリスペクトされていなかった。ところがある日、「VOGUE JAPAN」と斎藤和弘編集長の株が暴騰する事件が発生した。

長年、グッチのクリエイティブディレクターを務めた有名デザイナーで、ファッション業界では一目置かれる存在であるトム・フォードが、「いま、世界中の『VOGUE』でどの国の『VOGUE』が一番おもしろいですか?」という質問に、「僕は、『VOGUE JAPAN』が一番、イケてると思うよ」といった回答をしたのだ。

この件があって以来、「VOGUE JAPAN」と斎藤和弘編集長のステイタスがグッとあがった。

僕は斎藤和弘さんから、食事をしながら、この件の背後にあった秘密を聞いたのだが、そのやりとりは今でも鮮明に覚えている。

「漫然と良い雑誌を作ろうと思っていてもダメだ。僕は、トム・フォードに、イイね！ と言わせることを常にイメージして、「VOGUE JAPAN」を作っていた。ファッション雑誌の編集なんていうのは、要するに政治なんだよ。いま、もっとも影響力があると思われている人に、どうやって褒めてもらうかが一番大事なんだ」

どうだろう？ クリエイティブな仕事において、品質を客観的に定義することは、不可能だ。そのときに漫然と「いいものを作ろう」なんて思って仕事をしていては、ブランド人への道は開かれない。

それとは逆に、一流と呼ばれる人やインフルエンサーが一言でも褒めてくれれば、無名の商品、無名の一般人でもたちまち有名になる。1週間前まで誰も知らなかった固有名詞がブランドに様変わりする。

ならば君にとって大切なのは、特別なあの人に「あいつはおもしろい」「あいつはすごい」と知ってもらうこと。そう言ってもらえるようになることだ。

会社の上司や同僚に「おもしろいね」と言われたところで、何の意味ももたない。

ピンポイントでトップ・オブ・トップの一人を撃ち落とせば、あとは芋づる式に口コミは伝わっていく。ドミノの最初の1個さえ倒せれば、あとはドドドドドッ！とブランド人としての名前が社会に知れ渡っていくのだ。

そのプロジェクトが成功したとき、「君の名が誰に知られるか」を意識して仕事をしよう。

上司に褒められても仕方がない。特別なあの人の目に留まれ。話はそれからだ。

# 「あいつは勝ち馬だ」と思われたらこっちのものだ

19

「メディア野郎」というニックネームをつけられながら、僕は数々の新しいメディアを立ち上げ、次々と転職を重ねてきた。

2018年3月から、ZOZOという新たな仕事場へ座を移したばかりだ。

早期退職で肩たたきに遭えば、ハローワークで悲壮感を漂わせながら、必死で次の職場を探さなければならない。

何枚も履歴書を書き、面接に行っては落とされ、あげく給料の安い職場で足下を見られるようでは救いがない。

ありがたいことに、僕はライブドア以降は「こちらから頭を下げて面接を受けに行く」というスタイルではなく、「次はどの仕事を選ぼうかな」と自分本位のスタンスでやってこれた。自分で言うのもおこがましいが、ブランド人ならば当然だ。

今も昔も、強いブランド人はすさまじい影響力をもつ。

東軍と西軍が入り乱れた関ヶ原の戦いでは、10万の軍が戦闘したとも20万の軍が戦闘したともいわれる。

そんな中で「××××が東軍に寝返ったぞ」という情報が飛び交ったとき、「××××」の名前が有名であればあるほど、日和見の戦国武将の間で動揺が走る。

「あいつはどっちにつくのだろう」とそこらじゅうから注目を集めていた戦国武将の決断に便乗すれば、勝ち馬に乗って勝利をモノにできると思うからだ。

ブランド人が動けば、あまたの有象無象が一斉に便乗して動き始める。ブランド人が白か黒かいずれかに寄った瞬間、時流はガラッと変わるのだ。

ウォーレン・バフェットは、投資の世界で「神様」として崇め奉られる。

リーマンショックのような暴落の最中にウォーレン・バフェットがひとたび「買い」に走れば、世界中の機関投資家や提灯筋が一斉に「買い」に動く。

たった一人のブランド人の決断により、世界の投資市場が乱高下してしまうのだ。

「あいつは勝ち馬だよな」と言われるようになれ。

「あいつは勝ち馬だよな」という口コミは言霊のように反響を続け、ブランド人をますます勝ち馬へとのし上げていく。

君が右に動いたり左に動いたりするたび、後ろを振り向いてみたら大勢の人が金魚のフンのように、くっついてきていた。こういう様子を想像してみてほしい。

あなたが乗る船にならば飛び乗りたい。そう思っている人がどれほどいるかが、ブランド人としての君の価値に他ならない。

第3章

# 会社なんて
# 幻想だ。
# 大いに
# 利用せよ

**Liberty means responsibility.**
**That is why most men dread it.**

***George Bernard Shaw***

**自由とは責任を意味する。**
**だから、たいていの人間は自由を恐れる。**

**ジョージ・バーナード・ショー**
（アイルランド出身のイギリスの劇作家／1856年～ 1950年）

# 会社なんて幻想だ！

20

新橋の焼き鳥店あたりで「部長の考え方っておかしいよな」「そもそもウチの会社はガバナンスがなってない」云々とくだまいている社畜オジサンたちは、今晩もお元気でいらっしゃるのだろうか。

仕事に関する愚痴を肴に酒を飲むアマチュアサラリーマンは、「ウチの会社」という主語をやたらと口にする。僕にしてみれば不思議だ。

彼らが言う会社とはいったい何を指しているのだろうか。社長なのか、経営陣なのか、個人筆頭株主なのか、部長なのか？　課長なのか？　社員なのか。

はっきり言って会社という集合体など、ただの概念にすぎない。もっと言うならば、会社を含めたすべての法人は、(もっと言えば国家ですらも)ただの共同幻想だ。

蜃気楼のような共同幻想のもとでがんじがらめになり、会社から自由になれない。そんなアマチュアサラリーマンは永遠にブランド人にはなれない。

会社は社員のために存在し、社員のためにインフラをふんだんに準備してくれる。発想を変えれば、サラリーマンには自分のために組織を利用できる特権があるのだ。

君が出版社の編集者だったとしよう。

君が本を作ったあと、営業部のスタッフは足を棒にして書店回りをしてくれる。

宣伝部のスタッフは、広告宣伝の手を打ってくれる。

もし君がフリーランスであれば、これらの仕事をたった一人でやらなければならない。しかし出版社に勤めていれば、固定給をもらいながら、編集の仕事に専念できるように、営業や宣伝は他の社員が協力してくれる。

フリーランスの人間が彼らを雇ったとすれば、経費が莫大にかかる。そう考えると、会社とはすごい財産の集合体なのだ。

会社には「人材のインフラ」という側面だけでなく、「学校」や「レンタルオフィス」としての側面もある。

リクルートやP&Gのように企業文化がしっかりしていて、社内研修制度が整った会社で働けば、下手なビジネススクールに通ってMBAを取るよりも成長をとげることもできる。名の通った人材輩出企業に勤務した経歴は、君というビジネスパーソンの品質保証になる。

また、君がフリーランスであれば、毎日どこで仕事をしようか頭を悩ますことだろう。居心地のいいカフェを探したり、シェアオフィスを借りてみたり。

しかし、会社であれば、君のデスクもパソコンも会議室も提供してくれる。

これだけの多彩な価値をもつ会社が、自分の首を絞めているかのように錯覚して愚痴を言う。上司や組織の悪口を言って、不毛な議論をループする。天に唾するように愚かな行為だ。

よほどのスーパーブランド人でない限り、たった一人だけで世の中にインパクトを与え、歴史に爪痕を残すことなんてできない。

組織の力、集団の力をうまく利用し、会社をアンプのように使うおかげで、君のギターソロは何千人、何万人に届くようになるのだ。

自分がかけたい曲をジュークボックスから探す。そのあとは、会社のアンプ機能を利用して、思いきり好きな音楽を鳴らせばいい。

「会社なんてただの共同幻想だ」「会社はオレのために存在する便利なインフラだ」「会社がもつ便利な機能を思いきり使いきってやる」

このように発想を転換すれば、会社員としての君の生き方はガラリと一変する。いっぱしのブランド人に成長するために、会社をフル回転で使い倒せ。

# システムの歯車になるな。システムそのものを創れ

21

数々のメディア立ち上げにかかわってきた僕のことを「メディア野郎」と呼ぶ人がいる。

NTTデータ、リクルート、ライブドア、コンデナスト、LINE、ZOZOと、時代の波に合わせて働く場所を変え続けてきた。

我ながら、一つの場所に腰を据えて仕事をする農耕民族からはほど遠く、遊牧民族の如き放浪人生だ。

なぜ僕は、終身雇用クソくらえとばかりに次々と転職を繰り返してきたのか。

それは「システムの歯車」になるなんて、まっぴらごめんだからだ。

リクルートの社内コンペで入賞したことをきっかけにフリーマガジン「R25」を立ち上げた。なぜ我が子とも言える「R25」を放り出してライブドアへ移ることにしたのか。

それは僕の仕事が、歯車の一部になっていることに気づいたからだ。

自分が実現したい事業の計画書を書いているとき、立ち上げ期は誰だって興奮する。どうにかして計画を実現するため、職場の人間を巻きこみ、上司を説得し、自分の味方になってくれる社外のパートナーに協力を募る。

最初、誰もが鼻で笑っていた無謀なプロジェクトが実際に動き出したときには、まるで全知全能の神になったかのように錯覚する。前代未聞の妄想を自ら形にしているのだから、アドレナリンが噴き出すのも当然だ。

ところが、いざ事業が動き出して数カ月が経つにつれ、いつしか興奮と熱狂は醒め、毎日の仕事はルーティンワークへと堕していく。

いや誤解しないでほしい。これは何も悪いことではない。ルーティンになるということは荒唐無稽なプロジェクトがシステム化し、うまく回り始めたということだ。世の中に根を下ろしたということなのだ。それはある意味、成功と言える。

しかし当たり前だが、そのプロジェクトを作った当事者でさえも、いつしかシステムの奴隷、システムの歯車になってしまう。ブランド人にとってこんな仕事は刺激に乏しく、あまりにもつまらない。

そんなとき、僕よりも少しだけ先に、ホリエモンからスカウトされてライブドアに転職したKさんという先輩がいた。

あるときその先輩が「ホリエモン本人が面接すると言ってるから、田端、オマエもちょっと来い」と言うではないか。ライブドアの社長時代のホリエモンと言えば、まさに時代の寵児だ。ライブドアに転職するかどうかは別として、ミーハー気分で会うことにした。

僕が初めてホリエモンと会ったのは、彼がプロ野球の球団を買収しようとしていたころだった。

システムの歯車に片足を突っこみつつあった僕にとって、ホリエモンとの出会いは運命的だった。実際に相対した彼は「この人と一緒にいれば、ワクワクするおもしろいことが次々と起こりそうだ」という魅力がムンムン漂っていた。

リクルートの「R25」は、全ての広告ページが電通の買い切りだった。毎週「R25」を発行するためには、電通との打ち合わせや営業協力に多大な労力をさかなければならない。

世の中のしがらみにからめ捕られ、調整事ばかりに追われる打ち合わせは、僕にとって不毛な時間だった。そんなものは僕にしかできない仕事ではない。もはや世の中をアッと言わせるプロジェクトではない。

そんな悶々としている僕とは対照的に、当時のホリエモンは常識やしがらみなんてまったく関係なく、エスタブリッシュメントに中指を突き立て、好き勝手やりまくっていた。この男は、なんとすがすがしいパンクな生き方をしているのか。

僕はホリエモンの生き方に羨望し、嫉妬した。システムの歯車として安定した生活に汲々とするのではなく、自分もパンクな生き方をしたいと思ったのだ。

リクルートでの経験は、高い収益を生み出す事業を成り立たせるメカニズムを知るという点では実に魅力的で学びがあった。だが当時のリクルートで仕事をすることは、いわば都心の一等地で再開発を進めるようなところがあったと思う。

絶対に儲かる一等地をガッチリ押さえ、あとは下っ端が様々な関係者と細かい利害調整をし、事業がコケないように慎重に一歩ずつ駒を進める。

しかしリクルートより何十年も後発で登場したライブドアには、誰も足を踏み入れないグチャグチャの荒野に乗りこみ、勝手に旗を立て、「ここはオレの開拓地だ」と鍬《くわ》を振るい始めるワイルドさがあった。

21世紀の今日でありながら、西部開拓時代のワイルドガンマンのような荒っぽい魅力にあふれていたのだ。

君がブランド人として仕事をしていくならば、「ワクワク感を失い、システムの歯車になったら死んだも同然」と自覚してほしい。

組織の歯車、システムの歯車になりかけているようであれば、それが我が子のように育てたプロジェクトであっても、自分を育ててくれた会社であろうと、別れを決断し、再スタートを切るべきだ。

未開の荒野に乗りこみ、誰も作ったことのないシステム、誰も作ったことのない商品、誰も作ったことのないサービスをイチから作り上げる。

その仕事は、とてつもないワクワク感に満ちあふれているに違いない。

ブランド人たるもの、荒野を目指せ！

# 22

# 沈没船に隠されたおいしすぎるチャンス

思い返せば、僕がリクルートを辞めてライブドアに転職したのは、なんとも言えない絶妙かつ微妙なタイミングだった。

なにしろ2005年4月に転職したと思ったら、年末にかけてどんどん親分（ホリエモン）の雲行きが怪しくなっていく。「Xデー（逮捕）へのカウントダウンは切られた」とまことしやかに言われる中、2006年1月、東京地検特捜部が本当にホリエモンを逮捕してしまったのだ。

「泣く子も黙る鬼の特捜」がホリエモンに縄をかけたのは、僕がライブドアに転職してからわずか9カ月後のことだった。

ちなみに、逮捕の2カ月前、ホリエモンは僕の結婚式でお祝いのスピーチをしてくれている。人生の新しいスタートを切るめでたい人間と、犯罪者として獄中に堕ちる時代の寵児が交錯する。今思い返してみると、あのころは幾重にも味わい深い激動の日々だった。

東京地検特捜部というと、検察庁の中でも選りすぐりのエリート検事が集まる虎の穴だ。彼らは名だたる政治家や経済人による経済事犯をおもに取り扱い、いわゆる「知能犯」をターゲットに据えて「前科者」へと引きずり下ろそうとする。

その東京地検特捜部によって社長が逮捕され、すべてのマスメディアからライブドアは「極悪犯罪者」の烙印を押されてしまったのだ。

普通の感覚ならば「もはやライブドアに未来などない。自分のキャリアにこれ以上黒歴史を刻まないために、早いところトンズラしてしまえ」と思うのが当たり前だろう。だからあのころは、櫛の歯がボロボロ欠けるように、ライブドアの社員は次々と辞めていった。

だが僕は、ホリエモン逮捕劇を間近で見ていても、ライブドアからスタコラとトンズラしようとは思わなかった。根が天邪鬼《あまのじゃく》な性格だということもあるし、むしろ「ライブドアが潰れかかった今こそ、オレにとってはおいしいかも？」と喜んでさえいたのだ。

このまま会社が潰れ、取引先や株主から総スカンを食らっても、憎まれるのは僕ではない。

憎まれ役はホリエモンか東京地検特捜部のいずれかだ。田端信太郎という個人が「オマエが諸悪の元凶だ！」と後ろ指をさされるわけではない。僕がこうむる被害は、せいぜい「会社が潰れてニートになる」くらいのことだ。

また、こういう考え方もできる。

潰れかけた会社からみんなが逃げ出す中、自分だけが残り、不死鳥のように会社を立て直したらどうなるのか。その功績と手柄は、ヤバそうな会社に残った人間がすべて総取りできる。こんなにおいしい話はない。悪くない賭けだ。

ブランド人になろうとしている読者の君たちなら、僕の言わんとしていることがわかるはずだ。

ありふれた普通の職場で仕事をし、安全牌ばかり引いたところで、君というビジネスパーソンはいつまで経ってもブランドにはならない。

「会社がなくなるかもしれない」「クビになるかもしれない」というくらいにヤバすぎる崖っぷちで一発逆転するからこそ、ブランド人への階段をあっという間にショートカットできる。

ローリスク・ローリターンの博打をやったところで、得られる果実は少ない。ハイリスク・ハイリターンの大博打に勝った者は、誰よりも早くブランド人として抜きん出ることができる。

そして、そのリスクでさえ実は幻想だ。会社が潰れたところで命を奪われるわけでもない。

だからイケイケの上場企業ではなく、敢えて倒産寸前の会社へ移籍するのも手だ。

Ｊリーグの J１選手という高い目標は無視して、敢えて地方の二部リーグで勝負する。失うものがまったくない環境では、自分がやりたいことを好き勝手やったって誰からも文句は言われないからだ。

名前を知られたスタープレーヤーが周りに誰もいない。儲かっている事業は何ひとつない。そんな環境で捨て身になって仕事をする人間が現われれば、経営者は「オマエに賭けよう。今やりたいと思っていることを、遠慮せずどんどんやってくれ」と言って、ドンと背中を押してくれる。乗りに乗っているピカピカの会社ではなかなかこうはいかない。

タイタニック号のように沈みかかった船があれば、客は救命ボートに乗ったり海に飛びこんだりして、あわてて逃げ出す。

本当にヤバくなったら、乗員も船から脱出しなければならない。誰も人がいなくなり、沈没船の操舵室がガラ空きになっているのだから、君が舵を握ってイタチの最後っ屁をこいたところでノーリスクだ。

そこからピンチを挽回してシージャックしてしまえば、すべて君のものになる。君はいきなり船長になれる。ビジネスパーソンになぞらえて言うならば、無名でペーペーの若造が沈没船のような会社に飛びこめば、突然、事業の総責任者を務められるかもしれないのだ。

最近のニュースを見ながら、メガバンクの銀行員のダサい行動に僕は心底呆れている。

みずほ銀行、三菱ＵＦＪ銀行、三井住友銀行という三大メガバンクは、これから人員を大量リストラして支店をガンガン畳む方針を相次いで発表した。新卒採用の人数も絞り、経営の抜本的立て直しを図るようだ。

ＡＩの開発がすさまじい勢いで進んでいるのだから、今まで人間が手がけてきた事務仕事が機械に置き換わるのは目に見えている。「メガバンクの銀行員は花形エリートの職業だ」とうらやましがられていたのは過去の話で、これからの銀行は沈没船のようにどんどん衰退していくのだろう。

そのような見通しがマスメディアの報道に溢れたいまごろになって、「銀行ヤバい」と思って辞めていく奴らはクソダサいとしか言いようがない。誰だってこんな状況は予測できたはずだ。辞めるならずっと前に辞めておくべきだ。ここまでヤバい状況になってから逃げるのでは中途半端すぎる。株でいえば暴落の大底でビビって投げ売りするダサさだ！

落ちるところまで落ちたらイノベーションによって起死回生できるチャンスがあるかもしれないのに！

東芝や、NECをはじめとする電機メーカーは、粉飾決算だの経営不振だの、負の要素ばかりがみなぎってまさに沈没船のように見える。こういう電機メーカーで、誰もが予想しなかった目くるめくドラマが始まるかもしれない。いや、むしろ君こそがこういうヤバそうな企業でメイクドラマするべきだ。

カミソリの上を歩くようなヒリついた緊張感が苦しいのなら、「死ぬこと以外かすり傷」と達観してしまえばいい。ハイリスク・ハイリターンすぎる沈没船の船長のポストは、カネでは買えない。払うコストは勇気と時間だけだ。

沈没船は、ブランド人にとって涎《よだれ》が出るほどおいしい場所なのだ。君はピンチヒッターだ。ここで一花咲かせてしまえ！

# 23

# 「波」になる前に「波の予兆」に乗れ

リクルートに移ったころから、僕はサーフィンを始めた。20代の後半は毎週末、波乗りをやりに海に通ったものだ。そんな僕が、来し方を思い返してみると、僕の半生はサーファーのようだった。

おもしろい流れが向こうのほうに見つかると、すぐさま駆け寄って波に乗ってしまう。そして波が崩れきり、静かな海面のようなルーティンワークと化しかけた瞬間、目の前の仕事に飽きて次の波を探し求める。

キャッチ・アンド・リリース。ヒット・アンド・アウェイの人生だ。

幾多の転職を繰り返す中で、身をもって痛感したことがある。どのタイミングで波に飛び乗るかによって、サーフィンも仕事も、おもしろくもつまらなくもなる。

僕が、さあネットベンチャーへの投資の仕事をやるぞ！　と、ＮＴＴデータからリクルートに転職したのは、２００1年の初春だった。

このタイミングはいささか間が抜けていた。

転職のための面接を受けた２０００年の秋から年末がネットバブルのピークであり、そのすぐあとにネットバブルは見事に崩壊したからだ。リクルートへは、あと1年早く転職するべきだったと思う。でもこういうことは、世の中では珍しくない。

よくあることだ。

「この業界は今かなり波が来ている」と思える。会社の株価も順調に上がっている。採用枠への応募者が多く、人気が高い職場。しかし、外からみて、ピッカピカに魅力的に見えるタイミングでは、実は中にいる当事者にとって本当においしい、大きな波は終わりかけている。

世の中の評価は一歩か半歩時代遅れになっている可能性が高いのだ。

リクルートへの転職のタイミングを少し見誤った経験は、その後の転職のときに生きた。

僕は2012年の春にLINEに転職したわけだが、我ながら、このタイミングは絶妙だった。実はベースサラリーは少し下がりもしたけど、迷うべきではないと思ったし、結果的にそれは正しかった。

老いも若きもスマートフォンを使う時代になり、彗星の如く登場したLINEは瞬く間に世に広まった。すさまじい勢いでユーザー数が激増し、国内のみならず海外でもLINEが快進撃を続けたことは、誰もがご存知のとおりだ。

リクルートへの転職が山の頂点から下り坂に移るフェイズ、ライブドアへの転職が登山で言うところのピーク手前8合目だったとすると、LINEへの転職は1合目か2合目だった。そこから山頂へアタックをかけるとなると、登山の作戦はいかようにも展開できる。天候の変動を見据え、敢えてハイリスクを冒しつつ登頂を目論むのもおもしろい。

世界的にスマートフォンの波が来る中、LINEの爆発的な普及を背景に、マーケティングのプラットフォームとしてLINEを様々な企業に提案していく。スマホ時代ならではのマーケティングのあり方を世界中で訴えるために、NYやロンドンはおろかダブリンやプラハまで飛び回る仕事は、最高に面白いゲームだった。もしピーク手前の8合目にLINEに入社していたとしたら、仕事の現場は荒らし尽くされ、僕が新たにできるおもしろい仕事なんてたいして見つからなかったはずだ。

誰も気づいていない黎明期に「波の予兆」を嗅ぎ取り、すかさず乗りに行く。それは確かにリスキーだ。波など来ないかもしれない。

しかし、大勢のサーファーがごった返し、ワイワイ波乗りしている現場なんて、おもしろくもなんともない。

君もブランド人のはしくれならば、芋洗いのようにサーファーがひしめく現場なんてただちに放り出してしまえ。

誰も関心を示さない「波の予兆」を感知し、盛り上がる前に、誰よりも早く秘密のビーチに駆けつけろ！

第４章

# 市場を
# 支配しろ

**Making money is art and working is art and good business is the best art.**

*Andy Warhol*

**お金を稼ぐことはアートだ。働くこともアートだ。**
**ビジネスで成功することが最高のアートだ。**

**アンディ・ウォーホル**

（米国の芸術家、ポップアートの旗手／1928年～1987年）

# 欲望を嗅ぎ分けろ

24

マーケットが何を求めているか、大衆が何を求めているかを察知できない人間に、ブランド人の資格はない。

ブランド人とは「人々の心のひだに分け入るように豊かな想像力を発揮できる人」の異名でもある。

モノでもサービスでも、スマートフォンで遊ぶゲームやアプリにしても、マーケットを介して売買される。売る人と買う人の双方がいて初めて、市場での商売は成立する。

農家のオジサンが畑で野菜や果実を収穫した時点では、いくらの値打ちがあるのかは判然としない。オジサンにとっては湯水のように取れる作物だから、近所の人にタダでおすそ分けしてしまったりする。

その作物を都会の真ん中まで運んでいくと、途端に価値が増す。原価50円の野菜や果実が、200円や300円、500円や1000円で売れるのだ。

なぜ原価の何倍もの値段で、モノが売れるのだろう。

生産者にとってはさほど貨幣価値がない品物であっても、それが欲しいユーザーにとってはカネを払う価値があるからに他ならない。

こうした市場原理を利用して、昔から人々は貿易に精を出し、大きな富を生み出してきた。

パソコンの画面を見ながら株式の売買やFXをやっていると、「市場の向こうには生身のユーザーがいる」という当たり前の事実を忘却してしまったりする。

なぜ市場で株価が動くのか。それは株式を売る者がいて、同時に買う者もいるからだ。

株式を手放す者は「この銘柄にはもはやたいした価値はない」と見限って売りさばく。かたや買うほうは「しめしめ。この株は近い将来確実に値段が上がる」と期待している。

なぜ、自分が売ろうとしているものを買おうとしている人がいるのか。具体的に相手の心理をありありと思い描けるほど、想像力をめぐらせる必要がある。

どこかのステーキ店の社長だったか、「ステーキを売るな。シズル（ジュージューと焼ける音）を売れ」と叫んだ者がいる。

肉汁がジュワーッと蒸発してあたりに充満する。よく冷えた生ビールが、シュワーッと音を立てながら泡の蓋を作る。そのシズル感が、マーケットの需要をビンビンと刺激する。うなぎ店が煙をうちわで扇ぐのと一緒だ！

人々が求めるものは何かを鋭敏に想像し、需要を刺激する情報を発信できる者がマーケットで勝利する。

どこかのシンクタンクが「ワールドカップへの日本出場による経済効果は××億円」なんて試算しているが、あのようなデータは、所詮もっともらしくあとづけした理屈でしかない。秀才クンたちによるオナニーだ。

人間の感情は、頭でっかちな理屈なんかよりもはるかに早く変化する。マーケットを机上のデータで分析して良しとするだけでは、ブランド人失格だ。他者と向き合い、人間の欲望を徹底的に想像せよ。

生身の一人ひとりの人間とガチンコで向き合う。この当たり前の姿勢なくして、マーケットの動きを予想することなどできるはずもない。マーケットとは、現実社会の森羅万象を映し出す鏡なのだ。財務指標や株価や、小売りのＰＯＳデータといった数値だけを見て現場を見ない人間は、長期的には必ず道を踏み外す。ブランド人たるもの、生身の他者に興味を持て！　向き合え！　心のヒダをかき分けろ、そして現実社会を生きる人間の生臭い欲望を肯定し、共感しろ。

# まずは何でも やってみろ

25

マーケットを知るためには自分が誰よりもアクティブな消費者にならないといけない。一流の消費者でない人間が一流のマーケッターになれるはずがない。

僕は、２０１６年11月に開催された「G１経営者会議」というイベントで、スマートフォンマーケティングの最新情報を巡るパネルディスカッションに登壇した。週末にもかかわらず、会場には大勢の大手企業の経営者が集まっていた。２０１６年７月に「ポケモンGO」がリリースされた直後だけに、街のあちこちに「ポケモン廃人」があふれていた時期だ。

50代くらいの経営者のお歴々を前に、僕はこう問いかけた。

「ポケモンGOをやったことがある人は、手を挙げてください」

すると嘆かわしいことに、１割も手が挙がらないのだ。僕は愕然として、客席を煽った。「まだポケモンGOをやったことがない経営者が語るスマホマーケティング戦略なんて、クソダサいですよ！　皆さん、ここで僕の話を聞いて『お勉強』した気になってるより、今すぐ手元のスマホでポケモンGOをダウンロードして遊ぶほうが大事です！」

もしかすると、ポケモンGOどころか、LINEすら触ったことがない参加者がほとんどだったのだろう。

ある年齢に達して管理職を任されるようになると、なぜにビジネスパーソンは保守的になってしまうのだろう。どうしてみずみずしい好奇心を失ってしまうのだろう。

40歳以上の方に向けて声を大にして言うが、若い人たちの間で流行っているものを普通に自分で実際に試してみるだけで、同年代のオジサン連中と、ものすごい差がつく。

なのにキャリアを重ねたオジサン連中は、イスにふんぞり返って若い人たちのもとへ降りていこうともしない。

ユーチューバーがものすごい視聴回数を上げているのであれば、「くだらない」とバカにすることなく、とりあえずユーチューバーの動画にアクセスしてみる。理想的には、見るだけでなく、自分でも動画をアップしてみるのが一番だ
たとえば、2018年の春から「ボイシー」という音声コンテンツのプラットフォームが流行っているので、私はトライしている。一人でスマホに向かって吹きこむ恥ずかしさたるや！（笑）。

「老眼だから」とジジくさいことは言わず、老眼鏡をかけてでもネットゲームやアプリをいじってみる。

役員室のソファでマーケティング資料と睨めっこしてもリアルな市場など絶対につかめない。

とにかく新しいものは、何でも試せ！

「踊るアホウに見るアホウ、同じアホなら、踊らにゃ損損」くらいのノリの良さがなければ、めまぐるしく変化するこれからの世界を泳ぎ切ることなんてできはしないのだ。

市場動向の研究レポートなど、どうでもいい。ゴミ箱に捨てろ。常にミーハーでいろ！　評論家になるな。現場に行け。

新しいものなら、まずは何でもやってみろ。

# 26

# 結婚・子育てによって理不尽を学べ

意識の高いガッついたビジネスパーソンは、とかく24時間仕事のことで頭がいっぱいになりすぎて、プライベートな用事を後回しにしがちだ。せっかく結婚して子どもをもうけても、家族を顧みず仕事に打ちこむせいで、家庭が崩壊してしまう残念なケースもある。

結婚して一つ屋根の下で誰かと暮らす。これはものすごい賭けだ。血がつながっていない「究極の他者」と寝食を共にする。最も身近にいる他人こそ、妻であり夫だ。子どももまた、最も身近にいる「究極の他者」だ。

小さな子どもには「忖度」というものがまったくない。まったく予測不能な動きをし、大人の気持ちを顧みず好き勝手に振る舞う。言いたいことを口にし、気に入らないことがあれば泣きわめく。

「どれほど仕事をがんばっても妻に感謝されない。むしろ溝が深くなっている」

「どれほど心を込めて食事を作っても息子が食べない。お菓子ばっかり食べる」

こんな理不尽は日常茶飯事だ。

家族という「究極の他者」とのつきあいに比べれば、ビジネスははるかにシンプルだ。

ビジネスの世界では、がんばったらがんばっただけ成果が出るが、家族とのつきあいにおいては、いくらがんばってもまるで成果が出ないどころか、それが裏目にも出る。トラブルの連続だ。だからおもしろい。そして、それこそがリアルだ。

マーケティングリサーチに基づいて、広告代理店やコンサル会社が作ってくる提案に、生身の人間のリアルな感情は反映されていない。所詮、あとづけの理屈にすぎない。

家族をもつことによって「人生は人間が思うほど単純ではない」「人の感情はコンピュータでプログラミングできるほどシンプルではない」と肌身に染みて実感し、学ぶことにこそ人間としての成長がある。

人間の複雑性を理解してこそ、誰もが欲しかったのに世の中に存在しなかった斬新な商品やサービスを生み出せるのだ。

こんなこと書籍以外で言うと大炎上するだろうが、あえて言わせてくれ。僕は今年42歳だ。妻とは結婚して13年目で、子どもが3人いる。そんな僕に言わせれば、子どももいなくて、まして結婚したこともないような、ケツの青い「ガキ」に負ける気はしない。なぜなら、そんな連中は、「他者と向き合う」というブランド人の基本、ビジネスの基本を疎かにしているからだ。ブランド人たるもの、家族と向き合うことで理不尽を学べ。理不尽を楽しめ。

# 現地、現物、現場を体感せよ

27

ブランド人にとって必要な嗅覚が、自分が物理的に対峙している生身の人間が放つ言語化されないインサイトを嗅ぎ取る力だとすれば、武器となる視覚は、遠く離れた場所で起こった事象が言語化されたとき、その情報が正しいのか間違っているのか見極める「情報リテラシー」だ。

今までの情報リテラシーは、テレビや新聞、雑誌などマスメディアが報じるニュースを検証するだけで身につけられた。

これが21世紀の現在に至り、はるかに複雑化した。

スマートフォンとSNSの全盛時代になり、巷にフェイクニュースがバンバン飛び交うようになったからだ。根拠が乏しい噂や伝聞の類は、かつての100倍、200倍にまで増えたのではないか。

北緯38度線に位置する南北朝鮮の国境地帯が、今どこまで緊張しているのか。こうした天下国家の問題は、一般庶民には検証不可能だ。

小保方晴子さんのSTAP細胞が本物か偽物かなんて、科学者でさえよくわからずみんなコロッと騙されてしまった。

トランプ大統領がクレイジーな暴君なのか、実はそこらへんにいる中小企業のオーナーと変わらず、スケベだけど正直で、クチは悪いがわりと気のいいオジサンなのかは、我々にはよくわからない。

もはや本当に情報の真贋を見抜く「情報リテラシー」なんて、誰にも身につけられないと絶望するほどだ。

しかし、僕たちにとってトランプ大統領のニュースなんてどうだっていい。安倍首相にとって、トランプ大統領がどういう人間かは大事な情報だろう。しかし、君にとっては、真実のトランプ大統領を知ったところで、何も君の人生に影響はない。本当に必要な情報リテラシーとは、自分に直接に関係し、自分の長期の人生や、短期の生活に影響するような判断を、正しく行うため、判断材料を揃えるためにメディアに接する態度や技術のことを言うのだ。

僕は社会人になった当初から、日本経済新聞を毎日読むようになった。さすが経済専門紙だけあって、日経新聞は各業界の動向や企業の内部情報に詳しい。

画期的な製鉄方法が発見されたおかげで、××という部品の生産コストが大きく下がった。その結果、鉄鋼業界では○○という会社が今一番イケている。○○は今後の鉄鋼業界をリードする存在になる！　日経新聞を丹念に熟読すると、「なるほど、そんなもんかねえ」と納得させられる解説記事が多い。僕は、自動車業界や食品業界やエネルギー業界などについては素人なので、そういった分野について日経新聞が書くことを「なるほど！」と思って読んできた。

しかし！　僕が身を置いてきた広告や、メディア、ネット業界について、日経新聞はしょっちゅうピントがズレたことを書くから呆れる。周回遅れどころか、情報弱者のオジサンの床屋談義かと見紛うほどだ（皆さんも、そう思うのではないだろうか？）。

そして、はたと気づいた。どうして自分が所属する業界については、日経新聞はいつもピントがズレていて、他の業界についてはいつも正しいのだろうか？　いや、そんなはずない！

つまり、鉄鋼業界の記事だって、鉄鋼のプロからしたら穴があるはずなのだ。

こういった当たり前の推測が、健全な猜疑心に基づいてできるようになることが、情報リテラシーを磨く第一歩だ。

どうやって本物と偽物の情報を見極めていけばいいのか。その情報を切望する状況に、もし間違った情報を引いてしまったら猛烈に凹む状態に、自分の身を置くしかない。

今はなき「ホットドッグ・プレス」という雑誌には、よく女の子とのデートのマニュアル特集が載っていた。この雑誌の言うとおりに女の子を誘ってみたものの、デートが全然盛り上がらず口説けない。「この雑誌が言っていることはウソじゃねえか」と憤る。

「恋愛工学」を提唱する藤沢数希氏は、有料メールマガジンで女の子の口説き方を発信している。このメルマガの言うとおりに実践してみたら、以前とは比べ物にならないほどナンパがうまくいった！　だからこのメルマガを信頼する。

体を張った実体験を通して、真のリテラシーは磨かれる。シンプルなことだ。

これで間違ったら自分が損をする。好きな女の子に振られてしまう。そういった切迫した状況でないと正しい情報を見極める目は養えない。

目の前の情報は正しいのか、間違っているのか、その目を養うために自分が真っ先に実験台になってしまおう。実体験を伴う身体感覚からのフィードバックこそが、メディアの仮想空間での情報リテラシーを伸ばすうえで「基準点」を提供する。

君の情報リテラシーは、君が実際に感じた喜怒哀楽の総量、物理的に移動し、見聞きした体験の総量に比例して磨かれるだろう。

ハイパーメディアクリエイター高城剛氏が言う「フットワークこそが、ネットワーク」だ。

ブランド人たるもの、常に、現地、現物、現場を体感しろ。そのことが君の情報リテラシーをブランド化される次元にまで高めるだろう。

# 28

# 限界までカネを使え

ホリエモンは1000万円以上のカネが貯まらないようにしているらしい。カネは貯まると淀むから次から次に使ってしまうそうだ。

確かに、後生大事にカネを貯めこんだところで、銀行口座でダブついたカネは濁り、いつしか腐っていく。

「老後の蓄えがないと不安だ」なんて考えは投げ捨て、手元にあるカネはどんどん使ってしまおう。

若い起業家への投資に回す。未知なる経験をする。バカ高いアートを買ってみる。思いっきり使えば、回り回っていずれブーメランのようにカネは戻ってくる。ZOZOの前澤社長は「カネは使えば使うほど増える」とも言っている。

ホリエモンや前澤社長のように多額のカネを動かす富裕層にまでならないまでも、君もブランド人の一人になりたいのならば、限界まで身銭を切ったほうがいい。

ベストセラーだと図書館の予約が30人、50人と連なり、村上春樹の新作ともなれば100人、200人待ちだったりする。それでも辛抱強く自分の番が回ってくるのを待ち続ける心理は、僕には理解不能だ。そもそも借りた本なんて、人は本腰を入れて読まない。

身銭を切った痛み。大げさに言えばリスクテイクがあるからこそ「もったいない。元を取ろう」という心理が働いて真剣に読み、リターンが生まれる。

情報を得るための1500円程度の出費を惜しむなど、ブランド人の風上にも置けない。カネはそれ自体には何も価値はない。商品や経験に換え、そこから自分をブランド化していき、前に進むためのエネルギーを汲み取らなくては意味がない。

これから、カネの価値はどんどんと下がっていくだろう。そんなものを貯めこんでいても仕方がない。どんどん使って自分の知見に換えていこう。そうすることでまたカネが回ってくる（勝間和代氏は初めて書いた本が売れたときに、その印税をすべて自己投資に回したそうだ）。カネ持ちではなく、カネ回しになれ！

貧乏とケチは同義ではない。カネ持ちなのにドケチな人もいれば、財布の中が潤沢ではなくとも、惜しみなく自分への投資にカネをつぎこむ人もいる。

ブランド人は後者でありたい。「宵越しの銭はもたねえ」とうそぶく江戸っ子のように、財布の中にあるカネなんて全部使いきってしまえ。

使ったぶんは、翌日からまた稼ぎ出せばいいだけのことではないか。最高の消費こそ、最高の投資になる時代が21世紀だ。

第5章

# 発信者たれ!

**If you have no critics you'll likely have no success.**

*Malcolm X*

**批判してくれる人がいなければ、**
**成功もないだろう。**

**マルコムX**
（米国の黒人公民権運動活動家／1925年〜1965年）

# 29

# フォロワーは持ち運び可能な資産であり、資本だ

ツイッターもフェイスブックもインスタグラムもやっておらず、SNSのアカウントを一つも作っていない。

世界中どこを見渡しても、そんなブランド人は見当たらない。

ブランド人たるもの、呼吸するかのようにSNSで発信をしろ！　トランプを見ろ！　イーロン・マスクを見ろ！

廃人のようにSNSに入り浸って、もはや本業を忘れるくらいがちょうどいい。

当初は「ツイッターなんてくだらねえ」「SNSは仕事の時間を奪う」とバカにしていた各業界の重鎮オジサンたちも、ここ数年、ようやく重い腰を上げつつある。

メディア野郎・田端信太郎が言ってきたことの意味にようやく気づき、ツイッターやインスタのアカウントを作り、フォロワー数十人なのに日々の身辺雑記をつぶやいていたりする。「遅すぎる！」と言いたいところだが、まあ何を始めるにも、遅すぎることはないだろう。

SNSがもつ無限の可能性に今まで無自覚だったのならば、今日から心を入れ替えて更生すればいいのだ。卑屈になる必要はない。

SNSが登場する前の時代は、名刺や学歴があなたを証明するものだった。

しかし、今や名刺や学歴なんて、SNSでのプレゼンスに比べれば、クソの役にも立たない。名刺や学歴なんて、君がブランド人であるかどうかを測る基準にはなりえない。肩書で仕事をしている人間は、会社から肩書を奪われてしまったら用なしだ。人生100年時代に定年以降をどうやって生きるのだ？

しかしSNSのフォロワーは誰にも奪うことはできない。

2008年にツイッターを始めた瞬間、僕のフォロワーは当たり前だがゼロだった。それが今では15万人以上のフォロワーがつく人気アカウントとなり、僕が発信するメッセージを多くの人々が目にしている。

ひとたび、僕がオススメ本をツイートすればアマゾンからすぐに在庫がなくなり、僕が賛否両論あるような過激な発言をすれば、大いに炎上を呼び起こすようになった。毒にも薬にもなるわけだが、ブランド人にとっては、ツイッターやフェイスブック、インスタグラムのフォロワーは「持ち運び可能な資産」だと考えるといいだろう。

君の発信に価値を感じる人がいれば、たとえ無名の個人であってもフォロワーがつく。

あなたのフォロワーの数は、あなた個人の資産であり、会社でいうところの資本金や時価総額、社会からの評価資本のようなものなのだ。

会社を移籍するとき、君が会社にもたらした利益は置いていかなければならない。しかし君という個人に関心をもっているSNSのフォロワーは、たとえ職種が変わろうが、会社を移ろうが、スマートフォンと一緒にどこまでもついてきてくれる。

1億円は事業で失敗したら一瞬でなくなるが、100万人のフォロワーはあなたがどんなに転んでケガをしても、いきなり消えてなくなることはない。こんなに心強い存在はないだろう。

フォロワーとは、君というブランド人の価値を世間に知らしめてくれる誰にも奪えない資本なのだ。

上場企業が時価総額の最大化を目指すように、SNSのフォロワー最大化を目指せ！

# 炎上しない奴は燃えないゴミだ

30

今まで数知れない炎上事件を引き起こしてきた田端信太郎にとっても、決定的にマズかった瞬間がある。

2011年、ツイッターで差別用語を不用意に使ってしまったのだ。このツイートを引き金に僕の周辺は大騒ぎになり、一時は真剣に懲戒解雇処分も覚悟した。

きっかけは映画「ソーシャル・ネットワーク」だ。

フェイスブック誕生からの実話を元にしたこの映画は、今どきのスタートアップ企業の雰囲気を実にリアルに描いていた（いまどきのネット企業の実際の雰囲気が知りたい方はぜひ見るべきだ）。

感心した僕は、ツイッターで「今や、コードが書けない奴はネット企業じゃ、××××なんだな」と感想を記した。「×××××」の部分には「被差別民」「二級市民」というつもりで5文字の単語を書いたのだが、これがマズかった。

そして間の悪いことに、当時すでに100万人のフォロワーをもっていたホリエモンが僕の問題発言をわざわざ拾ってリツイートしてくれたのだ。

SNSは小さな火種にどんどんガソリンを注ぎ、大火災を生み出す力をもつ。ここから田端信太郎の足場は、カチカチ山のように燃え盛っていった。

ツイッターに罵詈《ばり》雑言がバンバン来るくらいは、まだかわいいものだ。

しかし、そのうちの一人の超粘着質なネット民が、僕が当時勤めていたコンデナストに電凸（電話によるガチ抗議）を仕掛けてきたのだ。

ある日ミーティングから戻ってくると「田端さんに、電話が入ってますよ」と言われた。

「田端はミーティング中なので、あとでかけ直させます」と応対したところ「戻ってくるまで待ちます」と言って、電話を保留にしたまま延々と待ち続けているというのだ。保留を示すランプがピッコンピッコン点滅している電話を眺めながら、ピンときた。

「あいつに違いねえ」と。

そして電話を取っては相手の抗議を聞くのもそこそこに「あなたにも言論の自由があるように、僕には僕で言論の自由がある。ツイッターで絡んでいるうちは放っておくが、会社に電話までしてくるとは、業務妨害ですよ！　まあ、せいぜいネットで批判してなさいってこった」と電話をガチャ切りした。

相手は怒りの炎にガソリンがぶちまかれたようにさらに激怒した。ともあろうにそいつは、僕が勤務している会社のスタッフのツイッターアカウントを探し出して、「田端信太郎氏はあなたの会社でデジタルビジネスの責任者を務めている。このような不適切な言動をする人間を幹部に迎える企業の社員として、あなたはどういう見解ですか」と追及し始めた。

さらに彼は、ヤフー知恵袋に僕への告発状を載せ、その文章を英語に翻訳してくれる人間を募った。僕の会社の海外本社の役員に向けて告発状を送り始めたのだ。それだけではない。

法務省人権擁護局など、通報先はどんどん増えていった。本人には何の得もないのに、ものすごい時間と労力を使って人が嫌がることに粘着し続ける。失うものがない人間はある意味で無敵である。僕は次第に追い詰められていった。とうとう問題発言が社長の耳に入り、僕は1カ月間の自宅謹慎処分を食らってしまった（なお、この処分自体に僕は些かの不満もない。むしろ寛大な処置だったと思っている）。

この間、三度のメシより好きなツイッターを更新することは自粛した。

そして謹慎期間中、僕は自分なりに差別語の取り扱いや、過去に起きた差別事件の事例を勉強した。そして、僕を社会的に抹殺しようとしていた彼にダイレクトメッセージを送った。

「差別問題について私なりにいろいろと勉強させていただきました。このような学びの機会、気づきの機会をいただき、大変にありがとうございます。まだまだ私も未熟者ゆえ、差別問題について高い問題意識とご見識をお持ちのあなたに、ぜひ直接お会いして教えを請いたいです」

反省の意思を示したダイレクトメッセージを送ったところ、ようやく告発者の怒りは収まった。

それどころか「そんなことで謹慎処分を課すなんて、ひどい会社ですね」と同情してきたのだ。

「てめえのせいだろ！」と盛大に突っこみたいところだが、結局のところ、愉快犯的に人を追い詰める連中は、かまってほしいだけなのだ。

SNSには誰でも気軽に使える便利さがある一方、自分の発言がノーガード状態で世界にさらされる危険性もある。使い方を間違えると、職や社会的立場を失うことにもなりかねない。

そのうえで、敢えてリスクを怖れず言いたい。「炎上上等」「炎上を怖れるな」と。

僕は散々燃えてきた。しかし、それこそが僕の存在証明なのだ。僕ほど、サラリーマンとして在職中のまま、SNSで炎上を繰り返し、それでも涼しい顔をして今も働いているサラリーマンはいるだろうか？

つまらないタテマエなんてかなぐり捨ててしまえ。いつの時代もルールや常識がすべて正しいわけではない。

「世の人は　我を何とも言わば言え　我が成す事は　我のみぞ知る」。幕末最高のブランド人である坂本龍馬の言葉だ。

「世間が何と言おうと、オレの意見はこうだ！」と恐れず表明することからブランド人への道は拓ける。

さあ大いに燃えよう。炎上しない人間など燃えないゴミだ。

# 31

# ツイッターをやれ！
# 名刺を捨てろ

ＳＮＳ黎明期には「ツイッターなんて暇人のものだ」と言われたものだ。ツイッターが登場してから10年以上が過ぎた今、状況は一変し、リアルなビジネスに実際に強い影響を与えている。

僕がコンデナスト・ジャパンに転職した当時、「ＶＯＧＵＥ　ＪＡＰＡＮ」や「ＧＱ　ＪＡＰＡＮ」のツイッター公式アカウントはショボかった。これらの媒体のアカウントよりも、僕個人のアカウントのほうがはるかにフォロワーが多かったのだ。

仕方なく僕は、「ＶＯＧＵＥ　ＪＡＰＡＮ」や「ＧＱ　ＪＡＰＡＮ」が流すニュースを自分のアカウントでバンバンリツイートしながら、徐々にフォロワーを誘導するよう努力した。

それが今や、「ＶＯＧＵＥ　ＪＡＰＡＮ」のアカウントには約74万人ものフォロワーがついている。「ＧＱ　ＪＡＰＡＮ」のアカウントのフォロワーも８万人を超えた。

これだけフォロワー数が伸びれば、公式アカウントが発信する情報の価値は高まる。

出版社も書店もツイッターのアカウントを設けてはいるものの、その大半は２０１８年現在に至ってもショボすぎてペンペン草も生えない。

新刊の宣伝情報を機械的に流すだけでは、フォロワーがつかないのは当然だ。編集者なり書店員なりがキャラを立て、自分の声で身を切った意見を発信していかなければ、アカウントはブランドとしての光を帯びないものだ。

僕くらいにエッジの効いたツイートをしていると、思わぬところで思わぬ大物が僕のアカウントを見てくれていたりする。

取引先に出かけて名刺を渡すと「田端さんのツイッター見てますよ」と言われることもしばしばだ。相手が初対面の広告主であれば、これだけで座が一気に温まる。日頃からキャラを立てて情報発信していれば、自己紹介がいらなくなるのだ。

こうなったらこっちのものだ。いざビジネスミーティングが始まったときに話が早い。心理的に優位な状況で交渉を進めることができる。知られているということは大きな武器になるのだ。

「SNSは労力ばかり奪われてカネにならない」と思っている人もいるかもしれないが、万単位のフォロワーを獲得できるまでにアカウントを成長させれば、自分の名前を数万倍にする力がある。

それはスマホの中だけではなく、現実のビジネスを進めるうえでも確かな効果がある。そして、この流れはますます強まっていくだろう。

目の前のビジネスを成功させたければ、ツイッターをバンバン活用するべきなのだ。

今どき、名刺交換をして、自己紹介から話をしないといけない時点で、そいつは二流だ。自己紹介も名刺も要らないブランド人を目指そう。それにはソーシャルメディア、なかでもツイッターは大いに武器になるはずだ！

# 32

# 直接言えないことはツイートするな

僕のことを「口が悪いただの炎上ネット芸人」と罵る者もいるわけだが、実際の僕はノールールで暴言を吐き散らしているわけではない。

僕は「相手に面と向かって言えないことはツイートしない」をモットーとしている。

相手とリアルに対面したらニコニコ談笑しているのに、ネット上では口汚く罵る。まったく情けない。これでは面従腹背でフェアではないし、内弁慶ならぬネット弁慶そのものだ。悪口はいいが、陰口はいけない。

たとえば僕は、紙のカタログ通販ビジネスが壊滅的に終わっていることについて、ツイッター上で苦言を呈することがある。未だに旧態依然のビジネスモデルで分厚いカタログを作り、顧客に配布する販売方式がマズイと、本気で心配しているからだ。実際にある通販カタログ企業の中期経営計画を見て「終わってるな。この会社」とツイッターに書いた。ここで問題がおこった。実はこの会社がＬＩＮＥの広告クライアントであり、先方の社内で私の発言をみて激怒した人がいたらしい。この事件は、間に入っている広告代理店の担当営業やＬＩＮＥの現場の営業マンにしてみれば頭痛のタネでしかない。

「田端さん、いくらなんでもこういう発言はクライアントに対して失礼ではないか？　と先方がお怒りのようです。どうしますか？」と、お小言を頂戴したりもする。確かに間に入っている関係者には、余計な仕事を増やして申し訳ないとは思う。しかし、僕にしてみればこうだ。

「いや、確かに失礼かもしれない。でも、紙の通販カタログに依存したまま、戦略の転換がないカタログ通販会社が〝終わっている〟というのは間違いない事実だろう。僕はどこか間違ってるかな？　何なら、僕が直接に説明に伺ってもいい」（こう言うと、大体の人は、うーん確かにそうなんですが……とそれ以上何も言ってこない〈笑〉）。

とにかく僕は、相手に対面で直接言えないことはツイートもしない。こうしたルールを貫徹している。

現実だろうがネットだろうが、常にバカ正直で丸裸。

これがブランド人としての正しいスタイルなのだ。

# 33

# 最初は誰でもゼロからのスタートだ

Never too late.

何事も、やり始めるのに遅すぎるということはない。情報弱者とバカにされようが、周回遅れだとコケにされようが、今日から新しい挑戦を始めればいい。カーネル・サンダースは49歳のときにケンタッキーフライドチキンを始めた。伊能忠敬は50歳を過ぎてから天文と地理の勉強を始め、55歳を過ぎて初めて、測量の旅に出発し、誰も見たことがないような正確な日本地図を作った。

ソーシャルメディアを活用して、ブランド人を目指す旅にも年齢制限はない。

しかし「田端さんは華やかな仕事をしているからSNSでのセルフプロデュースができるし、影響力があるんだ。オレたちに同じことができるわけがない」という声が聞こえてくることがある。

大上段でマジレスを食らわそう。

僕も最初はツイッターのフォロワーはゼロだった。スタートラインはみんな一緒だ。

まだツイッターのアカウントを開設していないのであれば、この本を閉じた瞬間にアカウントを作り、今すぐ本書の感想を10連投してみてくれ。

そうすれば僕や担当編集者の箕輪厚介氏が感想ツイートを発見し、バンバンリツイートするから君のフォロワー数は伸びる。

これだけで、フォロワーゼロだった時代から比べれば長足の進歩ではないか。

テキストではなく、情報を音声で届けるサービス「ボイシー」が最近ローンチされた。こういうサービスだって、ローンチされたその日に君が試してみればいい。ところがどういうわけか、最初に飛びつくのはイケダハヤトやはあちゅうなど、いつものメンバーだ。

何が何だかわからない手探り状態の中で、誰よりも早く試してしまう。手を動かしながら考え、一番乗りのポジションを取ってしまう。こういう人はフォロワー数が伸びる。

たとえば昼間は地味な経理仕事をやっているとしよう。

その人がソムリエの資格をもっていて、異常にワインに詳しいとする。仕事と趣味を掛け算すれば、独自のおもしろいキャラ設定が生まれるはずだ。君にしかないオリジナリティはきっとあるはずだ。それを探そう。

ヘッドハンターの岡島悦子氏は、タグを3種類も掛け合わせればユニークな存在になれると主張する。

たとえば「経理の専門家」「ワインに詳しい」「中国語が得意」という三種の神器の掛け算は、なかなかのレアキャラだ。中国人富裕層向けにワインファンドを時価評価する情報サービスで起業できるかもしれない。

君というワン・アンド・オンリーのレアキャラぶりを、SNSを使って世の中に知らしめればいいのだ。

5000人、1万人、3万人とフォロワーが増えていくにつれて、「フォロワーゼロ」の時代とは違った君になれるに決まっている。

昔から「千里の道も一歩から」と言う。最初の一歩を踏み出さない限り、永遠にブランド人にはなれないのだ。

今この瞬間から始めよう。「明日から」というのは敗者の言葉だ。ブランド人への道は、今ここから始まる。

# フォロワー1000人を超えない人間は終わっている

34

さあ早速始めてみたはいいが、ツイッターのフォロワー数が伸び悩んでいるのではないだろうか？

いつまで経ってもフォロワー1000人を超えない人には、はっきり言ってブランド人としての素質はない。

ツイッターを半年使ってみてフォロワーが500人や600人で伸び悩んでいるようであれば諦めたほうがいいだろう。

しかし「1000人の壁」は、普通の人にとってはけっこうハードルが高い。

ツイッターの8割から9割は「ああ、今日も仕事つらめ」「電車で隣のオジサンがワキガで臭い」「彼氏に浮気されてるような気がするけど、怖くて聞けない」など、どうでもいいとしか言いようがない「つぶやき」だったりする。

当たり前だが、無名の個人の単なる愚痴など誰も興味がない。

自分が発信した情報が、誰にどういうTPOで受け止められるのか。どういう文脈で実生活に役立ててもらえるのか。そこにリアルな想像力を働かせなければ、多くのフォロワーを集める人気アカウントにはならない。

映画が好きな人であれば、映画館で観た新作や自宅で観た旧作のレビューを片っ端から書きこみまくればいい。ネタバレでもいい。いや、ネタバレだからこそいいかもしれない。

小説を読むのが好きな人であれば、文芸誌に載った書き下ろし作品の情報や、マニアックな深読みレビューをバンバン投稿すればいい。ワインでも、ラーメンでもカレーでもなんでもいい。

その情報にオリジナリティがあれば「このアカウントが発信する情報は使える」と、同好の士から注目を集めるだろう。

大切なのは他者からの目線だ。君の発信がいつ、誰に、どのように受け取られるか。それがどんな価値につながるか。君にしか出せない価値があるか。手に取るようにフォロワーの気持ちを想像しなければならない。

そのうえで生活の中にＳＮＳを溶けこませ、息を吐くように毎日ツイートする。

ブランド人になろうとしている君たちは、草野球のトーナメントで優勝すれば満足なのか。否、プロ野球やメジャーリーグを目指すのがブランド人だ。ならばＳＮＳを使うにあたっても、プロを目指す最低限の気構えをもってほしい。

僕から言わせれば、フォロワーが１０００人を超えるかどうかは、プロ野球の入団テストのようなものだ。時速120キロを投げられない奴がプロ野球でピッチャーになれるはずがない。

こんな低すぎるハードルすらクリアできないようであれば、「御縁がありませんでした」と言ってお帰りいただくしかない。

特にメディアや出版、広告や広報などコミュニケーション関係の仕事をしているなら、なおさらだ。

君たちが目指すのは、1000人程度のフォロワーを獲得することではない。ブランド人の世界はもっと先にある。5000人、1万人、3万人、10万人とフォロワーを獲得するにつれて、君の目に見える風景は違ってくるはずだ。

# 泣き言をツイートするな

35

しょっちゅうネット上で炎上騒ぎを起こしている僕のことを、鋼のメンタルの持ち主だと思っている人も多いだろう。

こんな僕にも、もちろんメンタルの波はあるし、つらいこともある。家族の中にさまざまな問題だって起きるし、会社での仕事だって常に順調とはいかない。人間ならば当たり前だ。

だけれども僕は、ツイッターには絶対にネガティブなことは書かない。私生活や仕事に関する愚痴を書いたところで、見ている人まで不愉快になって生産性がないからだ。

ツイッタラーたるもの、ネット上に負の感情を不用意にさらすべきではない。大のオトコがさらす泣き言ほど、醜いものはない。

東京都議会の音喜多駿議員は、猪瀬直樹元都知事や舛添要一元都知事が失脚する中、マスメディアをうまく利用して露出を増やしてきた。

また早くからブログやツイッターを活用しており、マスメディアと連動したネットメディアの使い方もうまい。

小池百合子ブームに便乗して「都民ファーストの会」に入り幹事長になったと思

ったら、小池都知事に反旗を翻して袂《たもと》を分かった。

こういう動きをしつつ、大小さまざまなイシューについて積極的に発言を続け、時たま炎上も起こしている。

彼の妻は江東区議会議員を務めており、夫婦とも揃って議員だ。あるとき彼が、ツイッターで家庭について愚痴をこぼしたことがあった。

外ではガチガチに叩かれてプレッシャーを感じまくっているのに、家に帰ってきてからも育児の分担などで、妻から厳しい文句を言われる。それがしんどいと言うのだ。もちろん、そういうことが人生にあるのはよくわかる。別に彼が悪いわけではない。

しかし、ツイッター議員たるもの、いくらつらいことがあったとしても泣き言を表でこぼすべきではない。

僕はすぐさま、ツイッターを使って彼に苦言を呈した。

〈こういう事はプロとしてパブリックな場で言うべき事ではないです。事情は分かるが、美学としてダサい。この色紙を進呈します〉

そして、山本五十六海軍提督の色紙画像を送った。

〈苦しいこともあるだろう
云い度いこともあるだろう
不満なこともあるだろう
腹の立つこともあるだろう
泣き度いこともあるだろう
これらをじつとこらえてゆくのが
男の修行である〉

音喜多氏とは意見が違うこともあるが、自分より若い世代を代表してツイッターを活用する議員としての奮闘には期待している。都民のため、そして家族のためにがんばってほしいと思うから、この言葉を贈ったのだ。
すると音喜多議員は、すぐさま愚痴ツイートを消去した。変に反発せずに、素直に反応できる点は、さすが田端が見込んだツイッター議員だ。山本五十六の言葉が、完全に腑に落ちたのだろう。山本五十六の金言が胸に突き刺さり、彼は顔を洗って出直してくれた。

僕にとって、非常に有意義なパトロール活動が完了した。

プロ発信者であるからには、苦しいことやつらいことがあったときに「じっとこらえる」という気構えをもたなければならない。

ましてや、ちょっとバッシングを受けたくらいで涙を見せたり、反省したり泣き言を言うのは愚かだ。

大のオジサンが、ネガティブにメンヘラ気味のツイートをたれ流すのは見ていて痛い。

ブランド人たるもの、余人が想像もできないようなプレッシャーやストレスにさらされても、キラキラと笑顔を振りまいて生き切らなければならない。

周りも自然と元気になってしまうような明るさを常にまとっていなければならない。

たとえ、下を向いてしまうようなときでも「苦しいこともあるだろう」「腹の立つこともあるだろう」と慈顔を向ける山本五十六の声に耳を澄まして心を落ち着け、再びツイッターの画面を勇敢に開いてほしい。メディア上での自分がどんなに炎上しようが、生身の人間としての自分が落ち込む必要などない。そして、これは逆もまた真なりだ。

生身の貴方にとってどんなに辛いことがあろうとも、そのせいで、ネガティブな影響をブランド人としての自分の人格に影響させてはならない。

「ドーランの　下に涙の　喜劇人」ポール牧師匠の言葉である。

# 36

# さあ、ヤジと拍手を集めるプロレスラーになれ

僕のツイッターを初めて見た人は、クソリプを飛ばしてくる人間をぶった斬ったり、イケダハヤトや梅木雄平と論争を繰り広げたりと、荒ぶる様子にドン引きするかもしれない。最近も「過労死は自己責任」と言って炎上した。

クソツイッタラーを斬り捨てたりイケダハヤトと論争したり、梅木雄平を凹ましたりするのは、僕にとっては愉快なプロレスだ。

ただし自分だけでなく、第三者から見て論争なりじゃれ合いなりを楽しんでもらえなければ、プロレスの意味はない。

ツイッターでのからみ合いにおける勝ち負けは、「オモロイぞ」「いいぞ。もっとやれ」という第三者からのヤジであり拍手の数で判定される。言わば聴衆を笑かしたほう、楽しませたほうが勝ちなのだ。つまり、会場を沸かせた歓声の大きさこそが、プロレスラーの仕事にお墨付きを与える。

僕が露悪的な言葉を使ってツイッターでじゃれ合っているとき、第三者が楽しんでくれなければ意味はない。ツイッターでの論争やじゃれ合いは、大喜利やプロレスのようなノリで楽しまなければ野暮だ。

140字という制約の中での瞬間的なやりとりを毎日繰り返していると、おのずと大喜利力や切り返し力が磨かれる。

ポスターや宣伝ビラにキャッチコピーをつけるような言葉のセンスも自然と磨かれていく。筋トレやジョギングのようにツイッターを使いこなせば、実社会での仕事に生きるのだ。

東京ドームや後楽園ホールで大勢の観客を沸かせるプロレスラーが、日頃どれだけ汗をかいてトレーニングに励んでいることか。

我々ツイッタラーも、練習や基礎訓練もなしにツイッター上でプロレスをやろうと思ったらケガをする。受け身を何度も取って鋼の肉体を手に入れろ。

千本ノックのような大喜利の応酬を積み重ねる中で、人々に元気を与える140字のプロレスを展開できるようになれ。

# 37

# スーパースターと凡人は紙一重

日本のプロ野球史上、生涯打率3割を達成した選手はたった24人しかいない。「ヒット製造機」と言われるイチローでさえ、10打席のうち3本しかヒットは打てない。10打席のうち平均4本のヒットを打った選手は、歴史上誰もいないのだ。

打率3割バッターは、野球の世界で「一流選手」と呼ばれる。イチローのように3割3分近い打率成績を長きにわたって上げ続けるのは、「一流」を超える「超一流」だ。打率2割7分程度の選手は「並」だから、そのへんにゴロゴロ転がっている。

あと5本、あと10本、ヒットが打てるかどうか、その誤差のような違いで、年俸のケタが圧倒的に変わってくるのだ。

「並」「一流」「超一流」の違いは、実のところ数字上では紙一重の差でしかない。バッターをヒット製造機と捉え、工場の工員のように物理的な生産性の差として捉え得るならば、そこには20％程度の差もないのだ。しかし、収入や名誉の差を考えるとそこには数百倍の差が生まれてしまう。これが、「スター経済」というゲームのルールだ。100メートル走であれば、9秒台走者になると、たった0・01秒速く走れたことでスーパースターの仲間入りを果たせる。

プロ野球選手やメジャーリーガーを見ていると、ロケットを打ち上げるときの「宇宙速度」を思い起こす。

ボールや石を空に向かって投げても、数十メートル上がるのが精一杯で落ちてきてしまう。引力を振りきって宇宙空間まで飛び出すためには、すさまじいスピードを必要とする。

秒速5キロ、6キロ、7キロとスピードを上げ、ある閾値を超えた瞬間、「宇宙速度」を突破したロケットは月へ向かって飛んでいける。

我々もプロ野球選手や宇宙ロケットと同じように、リミットギリギリの閾値を超えない限り、ブランド人には絶対なれない。

くどいようだが、ツイッターのフォロワーが100人や300人、500人といった数字にとどまっているようでは、草野球レベルでしかない。

そしてフォロワーが1000人から3000人くらいの層が、実は一番中途半端だ。このレベルだと、ツイッターで炎上したときに会社から怒られて損するだけだったりする。クビになるかもしれないけど、「炎上して、クビになりました」とツイートしても、転職のオファーがこない。ミドルリスクローリターンなのがこのゾーンだ。

あと少し突き抜けて、フォロワーが万単位になれば、少しくらいアカウントが炎上したところで会社の横槍なんて跳ねのけられる。クビになってもオファーがくるだろう。これが、閾値を超え、臨界点を突破し、ロケットであれば、宇宙速度を突破したということだ。

まずはフォロワー1万人を目指せ！　フォロワー1万人がソーシャル宇宙速度だ！

フォロワーが万単位まで突き抜けることができれば、すでに君は社会から相当注目を集めている。バカな会社からイチャモンをつけられたときには、逆ギレして辞めてしまったっていい。

むしろ派手な行動はネタになり、君の応援団であるフォロワーは熱狂する。

ブランドの旗さえ立っていれば、退職をツイートした瞬間、「ウチに来ませんか」というオファーがいくつも寄せられるだろう。

マルクスは「資本は自己増殖する」と言ったものだが、ある閾値を超えるとカネもブランドも自己増殖を始める。

Aという価値がBやCという別の価値を引き寄せ、カネ持ちはますますカネ持ちになり、格差がグッと開いていくのだ。

これは影響力も同じだ。影響力は影響力を呼び、露出は露出を呼ぶ。

SNSのフォロワーが1000人から5000人に増え、1万人から3万人、5万人、10万人と増えていけば、雪だるま式にブランドの価値が加速するスピード感を実感できるだろう。

1日5分、10分、人よりも多くひたむきに打ちこめるか。それを努力と思わず夢中になれるか。

そうした紙一重の差の積み重ねが何年と続いたとき、アマチュアとプロフェッショナルの間にすさまじい格差が開くのだ。いま、フォロワー15万人となる僕のアカウントが、どのようにフォロワー数が増えてきたのか左のグラフを見れば分かるだろう。徐々にグラフの傾きが上がり、指数関数的な伸びを示していることが。

| | |
|---|---|
| 記録期間 | 2009/08/30〜2018/05/22 ( 3,188日間 ) |
| 総ツイート数 | 74,960件 |
| つぶやいた日数 | 3,130日 |
| つぶやかなかった日数 | 58日 |
| 一日の平均ツイート数 | 23.9件 |
| 一日の最高ツイート数 | 176件 ( 2018/01/13 ) |
| ツイート文字数 | 4,476,432文字 ( 59.7文字/件 1,430文字/日 ) |
| コミュニケーション率 | 28.7% |
| フォロー増加ペース | 0.6人/日 |
| フォロワー増加ペース | 47.8人/日 |
| フォロワー/フォロー比率 | 65.63 (逆:0.02) |
| フォロー可能人数 | 170,436人 (残り168,075人) |
| Twitter登録日時 | 2008年12月25日 15時36分34秒 |

日ごとのツイート数　月ごとのツイート数　曜日ごとのツイート数　時間ごとのツイート数
ツイート種別　フォロー数推移　**フォロワー数推移**　合計ツイート数推移

最近30日間　最近90日間　**全期間**　このチャートについてつぶやく

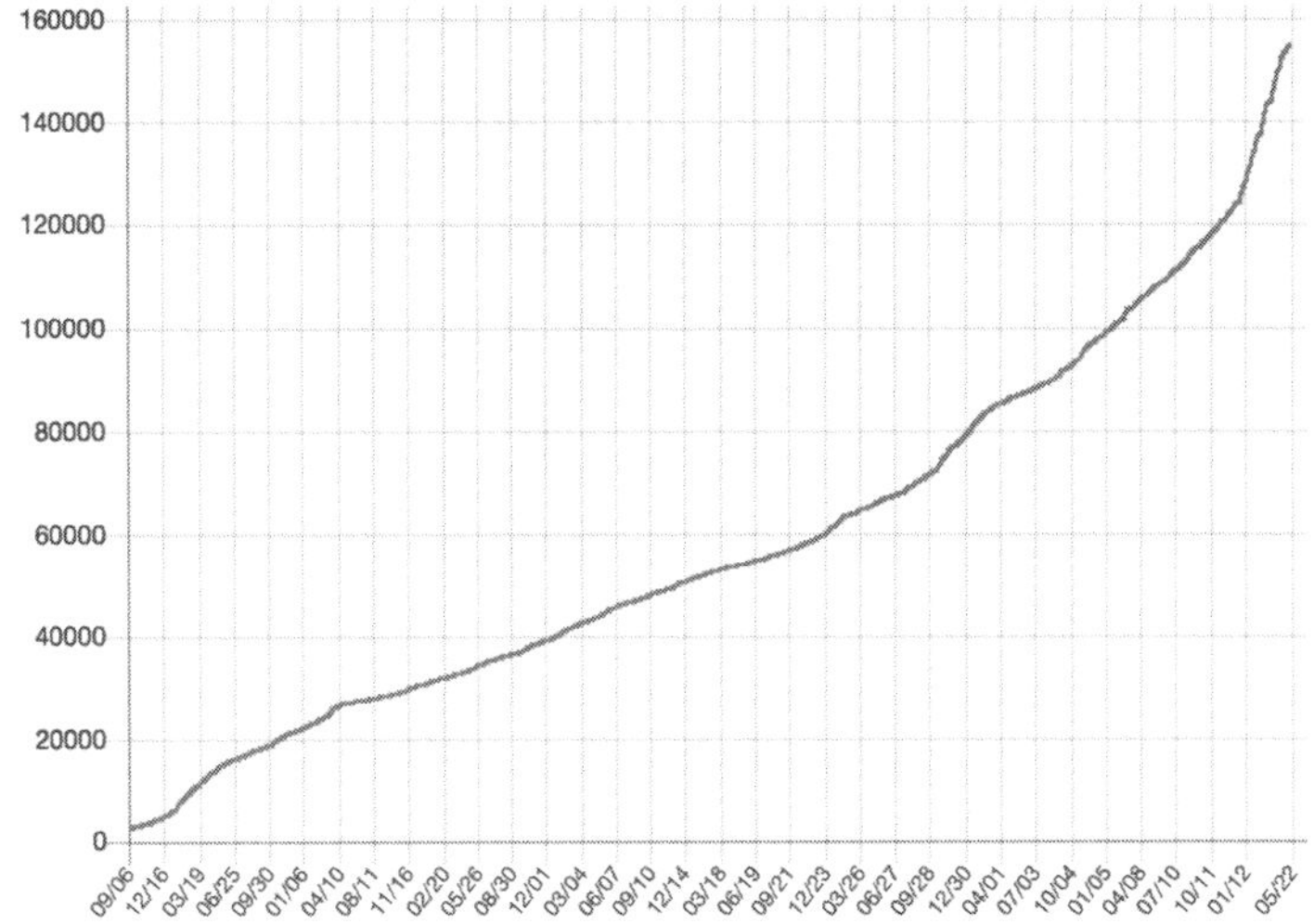

# 自分をただただ肯定せよ！

38

ツイッターのフォロワーがゼロから100人、500人……と増えていくと、「顔も名前も知らない人がオレのツイートをおもしろがってくれるのか」と楽しくなる。リプライが飛んできたり「いいね」を押されたりするのが気になって、一日に何度もツイッターの画面を開いてしまうはずだ。

フォロワーが1000人を超え、5000人に迫るころになると、次第に煩わしいことが増えてくる。君のおもしろツイートが何百件、何千件とリツイートされてバズり、一日中リツイートや「いいね」がバンバン飛び交うのだ。

こうなると賛同のリプライだけでなく、アンチからの痛烈な罵倒、いわゆるクソリプも飛んでくる。それも1件や2件ではない。

ただ罵倒のコメントを飛ばすだけでなく、ねちっこい嫌がらせを始めるかもしれない。

フォロワーが右肩上がりで増えていくにつれて、すべてのツイッタラーは次第に炎上や罵倒の恐怖と戦わなければならなくなる。

罵倒を浴びているうちに心がポキンと折れて、突然アカウントを削除してしまう人もいる。せっかくフォロワーが順調に増えているのに、アカウントを消してしまうのは、ソーシャルメディア上における自殺と同じだ。実にもったいない。

ギリシア神話には、蠟で作った翼によって空高く飛び立つイカロスという人物が出てくる。文明の利器を手にして思い上がり、傲慢になりすぎたのだろう。

どこまでも飛び続けたイカロスは太陽に近づきすぎて、熱で翼が溶けて真っ逆さまに落ちてしまう。

いささかオーバーな言い方だが、炎上と罵倒を怖れるツイッタラーは、自分が手にしたアカウントが「イカロスの翼」になるのではと懸念しているのだ。

罵倒や炎上でメンタルを病むことなく、それどころか罵倒や炎上をガソリンに変えてエンジンを吹かし前に進み続けるためには、根拠のない自己肯定感、突き抜けたメンタルタフネスを身につけるしかない。

「死ぬこと以外かすり傷」「人から悪く思われたって死ぬわけじゃない」「悪名は無名に勝る」と居直り、飄々としていればいいのだ。

かつてであれば、顔も名前も知らない赤の他人から悪口を言ってもらえるのは、政治家か芸能人かスポーツ選手くらいだった。バッシングを浴びることは超セレブの特権であり、有名税だったわけだ。

ある人が名言を吐いた。「有名であるとは、自分がまったく歯牙にもかけないような人たちが、あなたを気にしていることである」。

たとえ超アンチであっても多くの人々が関心を向けてくれるのはむしろありがたい。

社会学者の宮台真司さんが「メディア上に現われた自分はマリオネット（操り人形）のようなものだ」と言っていた。

ツイッター上の自分は、生身の自分という人間のマリオネットであり、コピーロボットだと考えればいい。コピーロボットがどれだけボコボコに刺され傷だらけになろうが、僕という実体をともなった人間は、痛くも痒くもない。

それくらい突き放してしまえば、ＳＮＳで叩かれようが罵声を浴びようが気にならない。リプライがまったく来なくなり、何を言っても座布団もブーイングももらえない。そういう状態のほうがよほど怖くなる。

マザー・テレサではないが、愛情の反対は憎しみではなく、無関心だ。

ネット上の罵詈雑言をいちいち気に病んでしまうようなブランド人は、豆腐の角に頭をぶつけて死んでしまえ。

# 39 ジャイアンのように大いに歌え

吉田兼好の『徒然草』は、学生時代に国語の教科書で読んだ記憶があると思う。あの作品は長編のため、教科書ではごく一部しか扱われていない。全文を読むと、まことに含蓄のある記述の連続だ。

ブランド人として生きようとしている君たちも、たまにはこのような古典をひもといて先哲の叡智から学ぼう。

『徒然草』の第150段に、次のような一節がある。少々長くなるが、この精神は、ソーシャルメディア時代にこそ、とても重要な態度の真髄を表したものだと思うので、全文を引用する。

〈能をつかんとする人、「よくせざらんほどは、なまじひに人に知られじ。うちくよく習ひ得て、さし出でたらんこそ、いと心にくからめ」と常に言ふめれど、かく言ふ人、一芸も習ひ得ることなし。未だ堅固かたほなるより、上手の中に交《まじ》りて、毀り笑はるゝにも恥ぢず、つれなく過ぎて嗜む人、天性、その骨なけれども、道になづまず、濫りにせずして、年を送れば、堪能の嗜まざるよりは、終に上手の位に至り、徳たけ、人に許されて、双なき名を得る事なり。

天下のものの上手といへども、始めは、不堪の聞えもあり、無下の瑕瑾《かきん》もありき。されども、その人、道の掟正しく、これを重くして、放埒せざれば、世の博士にて、万人の師となる事、諸道変るべからず。〉

吾妻利秋さんという歌人が、おもしろくてわかりやすい画期的な全文現代語訳をネット上に公開している（https://tsurezuregusa.com/）。謹んで吾妻さんの超訳をご紹介したい。

〈これから芸を身につけようとする人が、「下手くそなうちは、人に見られたら恥だ。人知れず猛特訓して上達してから芸を披露するのが格好良い」などと、よく勘違いしがちだ。こんな事を言う人が芸を身につけた例しは何一つとしてない。

まだ芸がヘッポコなうちからベテランに交ざって、バカにされたり笑い者になっても苦にすることなく、平常心で頑張っていれば才能や素質などいらない。芸の道を踏み外すことも無く、我流にもならず、時を経て、上手いのか知らないが要領だけよく、訓練をナメている者を超えて達人になるだろう。人間性も向上し、努力が報われ、無双のマイスターの称号が与えられるまでに至るわけだ。

人間国宝も、最初は下手クソだとなじられ、ボロクソなまでに屈辱を味わった。しかし、その人が芸の教えを正しく学び、尊重し、自分勝手にならなかったからこそ、重要無形文化財として称えられ、万人の師匠となった。どんな世界も同じである。〉

どうだろうか。『徒然草』が書かれたのは14世紀前半だ。

今から約700年前に生きていたブランド人も、最初から高いステイタスを得ていたわけではない。

ヘッポコで使えないペーペーだった時分から、走りながら考え、ズッコケながらなおも走り抜け、いつしかブランド人へと昇り詰めたのだ。

ジャイアンの下手クソな歌は誰も聴きたがらないわけだが、ジャイアンは空き地に仲間をありったけ集め、今日もリサイタルを開く。

「下手な歌を人前で歌うなんて恥ずかしい」「もっとうまくなってからリサイタルを開こう」なんて彼は1ミリも考えない。そんなことを言っているうちに、一生かかってもやりたいことをやれなくなってしまう。

イベントのモデレーターやパネリストにしても、英語のプレゼンにしても、とにかく場数の勝負だ。

パブリックな場所に放り出され、下手クソな話し方だろうが勢いとノリだけで押しきってみる。

こういう気構えで本番にどんどん臨まなければ、チャンスは永遠につかめない。

10年前にお笑い芸人がテレビに出ようと思ったら、ほとんど客がいない地下劇場で小さなライブを重ねて、「エンタの神様」のディレクターやプロデューサーの目に留まるのを待つしかなかった。

マンガや小説にしても音楽にしても、出版社やレコード会社に持ち込みをし、そこで原稿やデモテープが認められなければ発表の場はなかった。

だが今は違う。下手クソだろうが、誰からも名前を知られてなかろうが、マンガや小説は今すぐブログにアップできる。

音楽にしてもショートコントにしても、ユーチューブに今すぐにでも上げればいい。安野モヨコのように、インスタグラムに描き下ろしのマンガをアップして世界中からフォローされているマンガ家もいる。

SNSというデジタルなプラットフォームを利用すれば、偉そうなサラリーマンプロデューサーや編集者から「オマエの作品なんて下手すぎるから載せられない」とは絶対言われない。

だったらジャイアニズムでどんどん作品を投稿し、自分の考えをツイートしまくり、恥をかくならさっさとかいてしまえばいいのだ。

結果的に君が有名になれば、10年後に「あのころの××はこうだった」と、おもしろコンテンツとして秘蔵映像がいじられる日も来る。

アントニオ猪木は名言を残した。

〈馬鹿になれ　とことん馬鹿になれ
恥をかけ　とことん恥をかけ
かいてかいて恥かいて
裸になったら見えてくる
本当の自分が見えてくる

本当の自分も笑ってた
それくらい
馬鹿になれ〉
恥をかくことを恐れていてはブランド人には決してなれない。

第６章

# 真っ当な人間であれ

## 正直は最大の戦略である

糸井重里

（日本のコピーライター、エッセイスト、タレント、作詞家／1948年〜）

# 正直者であれ

40

当たり前だが、ブランド人とは人である。ブランド人を目指す道では、人として真っ当であることが求められる。

ハイリスクなチャレンジに身をなげうった結果、大失敗するのはかまわない。しかし、嘘をついたり、ズルをしたり、誤魔化したり、人としてダサいこと、正義感に欠ける行いは決してしてはならない。ダサいズルを一度したが最後、ブランド人への道は絶たれる。君は、ブランド人の世界からは、永久追放だ。

上司の前では太鼓持ちのように調子のいいことを言い、目の前から上司がいなくなった瞬間、コロッと態度を変える。自分より立場が弱い部下の前では、命令口調で高圧的に威張り散らす。こういうカメレオンのような人間は最悪で最低だ。

損か得かという次元の話ではなく、生き方の美学として根本的にダサすぎる。20年近くビジネスの世界にいて、いろんな人間を見てきた僕が言おう。結局のところ、表と裏がある卑怯者は決して、長持ちはしない。

君のことを、君以上によく観察している人が周りにはあふれている。

人間としてのカッコ良さ、真っ当さがなければ、チームメイトがついてくるわけがない。当たり前すぎて拍子抜けするだろうか？

「正直に生きる」というシンプルな原則が、君のブランドを確実に強化するのだ。

ブランド人としてとんがった生意気な意見を組織全体に、雲の上のような偉い人にぶつける。しかし決して、相手の立場によって、意見をコロコロ変えるような風見鶏のようなダサい人間にはなるな。

パワハラ体質で人間性が歪み、日陰でがんばってくれているスタッフをバカにして奴隷のようにこき使う。こんな人間は、いくらビジネスパーソンとして優秀であっても、必ず孤立する。結局、何も成し遂げられない。オフィスを掃除してくれるオバちゃんだろうが、面接を受けにきた新卒の学生だろうが、敬意と感謝と誠実さを持って接することのできる人間でいてこそ、ブランド人だ。

裏表がなく、バカ正直に君の人間性を丸出しで生きるからこそ応援が集まる。これでもかと言うほど人に好かれろ。好かれて好かれて好かれ倒せ。尊敬だけでは不十分だ。ブランドは人に愛されて初めてブランドになるのだ。

# 部下からツッコんでもらえる上司であれ

41

LINEに新しく入ってきた新入社員は、学生時代からツイッターで僕のことを知っていてくれ、「LINE田端」と何らかの先入観を持っていたりした。一種のタレントのように見えるのだろう。

LINE時代の僕は「上級執行役員」という肩書だったし、新入社員にとっては世代も立場も、大きな隔たりがある。そういう距離感を自覚していた僕は、いつも意識的にみんなとの距離を1ミリずつ縮めていく努力をしていた。

あるとき僕は、LINEの営業部門が集まった全体会議で思いきり居眠りをしていたらしい。若手が徹夜でまとめたプレゼンを持ち回りでやっているのに、僕は最前列で寝落ちしてしまった。しかも、田端本人は寝ていたことに気づいていない。

後日、部下と飲みに行ったときにこう言われた。

「田端さん、この前の全体会議でガン寝してましたよね。僕のプレゼンが下手くそだと言われているようで凹みましたよ！」

それは申し訳ないと思いつつ、「聴衆が居眠りするプレゼンをしているようじゃ、まだまだなんだよ」と軽口を叩いた。

立場が弱い部下から、このように苦言を呈されるのは、実はとってもうれしい！

なぜなら、僕に「ツッコマレビリティ」（弱みをツッコまれる人徳）があり、部下との距離が近い証拠だからだ。飲み会の席で「寝ないでくださいよ」とツッコまれないような上司では、部下から信頼を集めることは難しい。

「オレには間が抜けたところがある」と、バカな部分を裸でさらけ出そう。ツッコミ余白がまったくなく、冗談も通じない上司に、部下は自分の物語を投影できない。

とりわけクリエイティブな頭脳労働は、心の底から「この仕事は自分事だ」と腑に落ちていなければ、成果は出るはずもない。

上司の方針に納得できないことがあれば、メールでもLINEでも対面でもいいから、直接意見をぶつけて反論する。上司のミスや駄目な部分に明るくツッコミを入れる。こういう環境でなくては自由で柔軟な発想は出てこない。面従腹背こそ最大のガンだ。君がチームのリーダーなら、誰からもツッコミを入れられない無風状態は、決して歓迎すべき事態ではない。ツッコミがまったくなされなければ、君は愚かな裸の王様に成り下がっているかもしれないのだ。

恥も余白も失敗もさらして、部下や若手からツッコマレビリティを感じてもらえるようになれ！

# 君はパンツを脱げるかい？

42

相手の信頼を勝ち取るためには正直さが必要だ。

正直とは何か？　それは「パンツを脱げるか」ということだ。

おそらく数千人の新卒学生を面接した僕がいまだに覚えている伝説の学生がＬＩＮＥ時代にいた。

身長190センチくらいのぬぼっとしたいかにも理系な感じの院生男で、パッと見では冴えないタイプだった。面接で30分くらい話したところで、落とすつもりでファイルを閉じた。

その瞬間そいつはガッと立ち上がった。何を言うのかと思えば、「今日この面接で、僕はきっと落ちたと思います。とても残念です。落ちたと思う僕が言うのもなんですが、僕はＬＩＮＥに入りたい気持ちだけは、誰にも負けてません！」と立ち上がったまま、10分くらい猛烈に熱い演説を始めたのだ。その瞬間、こいつやるなと思った。

どうせこのままだったら落ちるんだから、パンツを脱いでフルチンになる勢いで食らいつく。プライドをかなぐり捨ててでも勝負をかける姿を見て、こいつは正直な奴だし、信頼できるなと思った。そこに計算など何もなかった。文字通りむき出しのフルチン状態だった。

自分にとって不都合なことでも、相手にオープンにできることが正直さだ。「俺は正直だ」と自分で言っても意味はない。正直さはあくまで受け手が判断するものである。ただ口ばかりうまくて「私は正直です」とアピールされても信用できない。

小賢しいのが一番駄目だ。

たとえば、できるフルチン営業マンであれば「このままだったら失注しそうです」と現状を包み隠さず報告する。現実を直視し、そこから挽回するチャンスを摑み取る。お客様に泣きつくことだってあってもいい。

しかし、小賢しい営業マンは同じ状況でも「徹夜で資料を作って、プレゼンも理路整然とできたので受注するに決まってます」としたり顔で言う。

当然、蓋を開けたら失注。

しかも反省するでもなく「あのクライアント、こんなにいい提案受け入れないなんてバカですよね」とか言う。こんな営業マンには、飛び蹴りだ。

「お前はアホか！　パンツはいてるやないかい！」と盛大に突っ込んでやる。

いざという場面でプライドを捨てられない奴を信頼することはできないのだ。

いわゆるプライドを指す英単語には、Confidence と Self-esteem の2つがある。Confidence とは「今この瞬間、全てを失っても、俺は俺だ。いつだってゼロからやり直してまた這い上がってみせるぜ！」という自分自身の内発的な強さに由来するもの。自分が信じる自分の強さだ。

Self-esteem とは「立派な組織に所属している自分はすごい」という自分の外側にあるものに依存するものだ。たとえば、東大卒の俺はすごい。三井物産社員の俺はすごい、という自我のあり方だ。つまり、他人が認めてくれた外生的な自分の価値なのだ。

このソーシャル時代に、ブランド人が正しく持つべきプライドであり自信とは、Confidence の方であって、身にまとっている Self-esteem 由来の変なエリート意識など邪魔なだけだ。プライドなんか、必要なら、いつだって捨て、僕は土下座してみせる。なぜならば、そんなことで僕の価値は1ミリも下がらないと自分で確信ができているから！　これこそがブランド人にとって、最高のプライドの持ち方だ。ダサいプライドなどは、サッサと捨てろ。

さあ今すぐここで、パンツを脱げ！

第７章

# たかが
# カネのために
# 働くな

## 仕事とはカネで買えない
## エンターテイメントである

**The greatest education in the world is watching the masters at work.**

*Michael Jackson*

**世界で最高の教育は、**
**名人が仕事をしているところを見ることである。**

**マイケル・ジャクソン**
（米国のシンガーソングライター／1958年～ 2009年）

# 43

# カネではなくパッションだ

リンゴの皮むきのように、人間が身にまとう余計なアカをそぎ落としてみよう。「今オマエが着ているそのジャケットを脱いでみろ」「Tシャツも脱げ」「頭でっかちな理想主義とプライドなんて捨ててしまえ」「会社の名刺も捨てろ」。

こうやって、皮をむいてむいて、余計なアカを全部そぎ落としたときに何が残るのか。内面、中核の部分に、マグマのように燃えたぎるパッション（情熱）が見当たらない人が実はけっこう多い。

泉のようにこんこんと湧き出るパッションをもたない人が、ブランド人になれるはずもない。

フェイスブックを創り出したマーク・ザッカーバーグにしても、ＭａｃやｉＰｈｏｎｅを創り出したスティーブ・ジョブズにしても、カネ儲けが目的でイノベーションを爆発させたわけではない。

世界のスノーボード業界を席巻するバートンの創業者ジェイク・バートンにしても、ナイキの創業者フィル・ナイトだってそうだ。

「カネが儲かる」とか「自分だけ上手いことやってセレブ生活を送りたい」なんていう損得勘定など関係なく、「どうしてもやらざるをえないパッション」に突き動かされ、彼らは仕事をしてきた。

２０１７年秋に日本語訳が発売された『ＳＨＯＥ　ＤＯＧ』（フィル・ナイト著、大田黒奉之翻訳／東洋経済新報社）という分厚いノンフィクション作品を、ぜひ手にとってみてほしい。

スタンフォード大学で学んだフィル・ナイトは、日本に旅行にやってきたときに「オニツカタイガー」（現・アシックス）の靴と出合う。「オニツカタイガー」に魅了されたフィル・ナイトは、たった一人（自分）しか社員がいない零細企業で靴のライセンスを買い取る。

彼は陸上競技のコーチとして活躍していたビル・バウワーマンとタッグを組み、「オニツカタイガー」を超えるシューズを開発しようと努力を重ねた。そしてとう、マイケル・ジョーダンをはじめとするスーパースターから熱く支持される「世界のナイキ」を創出したのだ。

カネ儲けのために仕事をしない。

自分がただ没頭していることに人々が熱狂する。そんな未来を想像し、一心不乱にひた走る。利害損得ではなく、偏愛にまみれ、前のめりの姿勢で仕事をすることこそが、逆に無限の価値となり、無限のブランド・バリューを生むのだ。

君を見限ったスタッフが櫛の歯が欠けるように離れていき、資金も底をつく。物心共に綱渡り状態に陥って、絶望する。

しかし、そんな状況においてもなお「たった一人の熱狂」を灯し続ける。

パッションだけを身にまとって、今日も家を出る。

こういうブランド人こそ最強なのだ。

# たかがカネのためにに働くな

44

日本一国だけで、どれほど大量の自殺者が発生しているかご存知だろうか。

警察庁が統計を取り始めた1978年以降、日本では毎年コンスタントに2万人以上が自殺し続けている。

首都圏では、毎日のように人身事故が発生して中央線や山手線が止まっている。電車に飛びこむ自殺者は、女性よりも男性、それも40〜50代の中高年層が多いらしい。彼らが死に追いこまれる原因は、たいていが仕事上のストレスや経済問題だ。

「長年勤めてきた会社からリストラされた。好条件の再就職なんてまず見込めない」

「家のローンが払えない」

「ギャンブルで作った借金を返せなくなった」

こんな理由で電車に飛びこむとは、自殺者に追い打ちをかけるようだが、愚かとしか言いようがない。

「たかがカネ」の悩みなのに、なぜ死ぬのか。カネがなくなって首が回らないのなら自己破産すればいいだけだ。またゼロからやり直せることになっている。

株式投資に命をかけている人が、銘柄の選別を誤って大損をこいたとしよう。リーマン・ショックの直撃を受けて日経平均株価がどれだけ爆下げしたとしても、FXに手を出して全財産をスカンピンにスッたとしても、死ぬ必要なんてまったくない。

実のところ「たかがカネ」とカネを突き放している人が、本当のカネ持ちには多い。

カネを絶対視し、まるで宗教のようにカネを崇拝する拝金主義者は、いつか転落する。カネに踊らされて人生を終える。

「カネなんてなくても死にはしない」「たかがカネじゃねえか」「カネは天下の回りモノ」と突き放すからこそ、逆説的にカネが儲かるようになる。カネのほうから君にすり寄ってきてくれる。ZOZOの前澤社長も言っている。カネは追えば追うほど逃げるのだ！

自分が好きなこと、夢中になっている得意技を徹底的に極めつつ、「他人の役に立つ」という青臭い志で仕事をする。

「たかがカネのためにはオレは働かないんだぜ」と仕事にひたすらのめりこめば、磁石に吸いつけられるように、カネが君のところへ飛んでくるようになるだろう。

カネというつまらない紙切れのために生きるな。
カネのために死ぬという、最強にダサすぎる最期は絶対に避けろ。
僕は声が嗄れるまで、何度でも君に呼びかけたい。
たかがカネのことで死ぬな。
ワクワクして生きろ。そうすればカネもついてくる！
これはキレイごとではない。真実だ。

# おわりに　さあ、砂かぶり席でワクワクしよう!

２０１８年２月末、僕は６年間勤めたＬＩＮＥを退社した。「メディア野郎」田端信太郎の新たな戦場は、前澤友作氏が作った1兆円企業のＺＯＺＯだ。

ＺＯＺＯＴＯＷＮを運営するＺＯＺＯは、ファッションＥＣの課題だったサイズの問題を解決するイノベーティブな採寸手段「ＺＯＺＯＳＵＩＴ」を全世界に提供し、あらたなプライベートブランド「ＺＯＺＯ」を立ち上げようとしている。創業者・前澤氏の「全世界70億人をファッションを通じて、かっこよく、笑顔にする」という大義を実現させるべく、僕はＺＯＺＯで新たな挑戦を始めている。

思い返せば僕は社会人になってから、サーファーのように激しい波乗りを、仕事を通じて楽しんできた。「Ｒ25」で熱狂を作り出したリクルートを辞め、ホリエモンが率いるライブドアに移籍したのは、東京地検特捜部ショックが起きる寸前の２

005年だ。

ライブドアでやるべき任務を終え、コンデナスト・ジャパンに移籍した2010年は、スティーブ・ジョブズのiPad旋風とタブレット革命によって、デジタルマガジンと電子書籍の出版ルネッサンスが起きると直感した。

LINEに移籍した2012年は、スマートフォンによるメッセンジャーアプリが爆発しようとしている黎明期だった。LINEは日本のみならず海外でも受け入れられ、僕の仕事はスマートフォン革命の一翼を担ったと自負している。

前澤氏からのラブコールは、実は2017年秋の段階で僕のもとへ届いていた。このとき僕は、LINEでなすべき仕事を8合目か9合目まで終えていた。スマートフォンの普及率はすでに頭打ちだし、LINEの広告ビジネスはすでに数百億の規模となり、巡航速度で拡大成長し続ける盤石の体制が見えた。

LINEを通じたスマートフォン革命の大勢《たいせい》は決し、これ以後の仕事は戦場における「残党狩り」――悪く言えば「消化試合」のように思えた。

徳川幕府に挑む倒幕運動のようなワクワク感が、2017年秋の僕にはほとんど感じられなくなっていた。

フジテレビの目も当てられない凋落ぶりに象徴されるとおり、民放テレビ局はもはやガリバーでも何でもない。テレビに投じられる莫大なCM予算が、インターネットとスマートフォンにスライドするのは、もはや歴史の必然だった。

2018年、世界のネット広告費はテレビを上回って逆転する。ネット対テレビの戦いは、もはや勝負がついたも同然なのだ。

僕がはじめてネットに触れた1995年に「インターネットは新聞や雑誌、テレビに匹敵する広告メディアに成長するぞ」と叫んだ人間は、たった一人の反乱分子、まだまだショボすぎる革命ゲリラだっただろう。エスタブリッシュメントのような既存メディアで働く人間からは「ほざけ」「アホか?」「あんなものは、ガキのオモチャだ」と一笑に付された。

だが気が付いてみれば、あのころの反乱分子、革命ゲリラは、今や押しも押されもせぬ正規軍へとなり変わった。

いつのまにか野党(ネットとスマホ)と与党(既存メディア)が政権交代していたのだ。これではエスタブリッシュメントと戦う在野精神とワクワク感は楽しめない。

Amazon DashやZOZOSUITは、IoT社会(Internet of Things＝すべて

のモノがインターネットにつながる社会）が実現する、新たな産業革命の最先端を走っている。そこでは、ネットとスマートフォンが、人間が求める需要を自動的に吸い上げて集約する。

需要を予測して商品が製造され、消費者一人ひとりに合わせたオンデマンド商品、テーラーメイド商品が工場から顧客の自宅へ直送される。

SF小説のような近未来を、Amazon DashやZOZOSUITは作ろうとしている。

「20世紀の大量生産・大量消費社会を牽引したT型フォードのように、21世紀は、Amazon DashやZOZOが産業革命を起こすかもしれない」

僕は2017年の段階でそう確信した。だから前澤氏と会い、まだ発表するはるか前にZOZOSUITを見せられたとき、即座にLINEからの移籍を決断したのだ。

正規軍vs革命ゲリラの戦いが大勢を決した段階で、最後に勝ち馬に乗るなんてつまらない。

正規軍か革命ゲリラか、どちらが勝つかははっきりとわからない。世の中のコンセンサスがちょうど五分五分のころ、丁か半かどちらかに全財産を張ってしまう。こういう生き方こそ、ブランド人の真骨頂だと僕は思った。

この本を最後まで読んでくれた君は、ブランド人とは何たるかを理解したはずだ。あとはもう、行動あるのみ。この本を何度も読み返してくれるのもいいが、さっとゴミ箱にでも捨てて行動することにこそ、最大の価値がある。

野球やサッカーの評論家は、ガラス張りの記者席からモニターとフィールドをチラチラ眺めながら仕事をする。彼らは最前線の砂かぶり席までは降りてこない。現場で実際に何が起きているのか。視覚や聴覚、嗅覚や触覚、知覚をすべて動員し、匂い立つ熱狂を、評論家風情は感じ取ろうとはしない。感じたくても感じられない。

最良のスポーツ観戦者、最高の目撃者とは、砂かぶり席に陣取る最前列の客であり、大相撲で言えば行司、ボクシングであればレフェリーやセコンドだ。

安全が確保された後方地帯に座っていても、ローリスク・ローリターンに終わるだけだ。

空からは爆撃や銃撃の危険にさらされ、どこにトラップや地雷が埋めこまれているかわからない。ハイリスク・ハイリターンの砂かぶり席で、シルベスター・スタローン扮するランボーの如く戦いを楽しもう。

どうすれば歴史に残る武勇伝を作れるのだろうか。

それには、歴史をひもときながら、武勇伝のパターンを分析してみるといいと思う。

実はパターンは決まっている。

戦国時代に武勇伝を作った武将たちは、みんなが口々に語りたくなるエピソードを例外なくもっている。口伝てにエピソードが語られるうちに、話の内容が盛られ、エピソードは一人歩きを始める。そうなればこっちのものだ。

「一騎当千の勇者が、たった一人で1000人の敵を食い止めた」

関ヶ原の戦いで島津義弘が採用した「捨《す》て奸《がまり》」は、武勇伝の典型的なパターンだ。自己犠牲の精神をほとばしらせ、「死んでもかまわない」という命がけの蛮勇で戦いの流れを変える。

「ためらわぬ自己犠牲」「命がけの覚悟」「絶体絶命のピンチ」「振り絞った勇気」

が、古今東西の武勇伝のパターンだ。君の仕事にはこの4つがしっかりとあるだろうか？

生半可な勝利、退屈な勝利では武勇伝は轟かない。

タイトルを見ればわかるとおり、本書は2000年に日本語訳が刊された口ングセラー『トム・ピーターズのサラリーマン大逆襲作戦① ブランド人になれ！』（トム・ピーターズ著、仁平和夫翻訳）にインスパイアされて生まれた。この本は私の人生を支えた一冊だ。それにならい、田端信太郎が翻案した、21世紀版の『ブランド人になれ！』が本書だ。

ブランド人になるための登山道は、ローマへの道のように遠く険しい。だが、それは決して登攀不可能な道ではない。本書を片手に、君もブランド人という大山を目指してアタックをかけてほしい。未だ見ぬ山頂への道のりを、ともに歩もうではないか。

ビジネスは最高のエンターテイメントであり、最高のチームスポーツだ！ 失敗しても死にはしない！ 勝つか負けるかわからないギリギリの戦いに今すぐ飛びこんでしまえ！

さあ、24時間ワクワクに満ちた砂かぶり席へ、今すぐ座席を移動しよう。

ビジネスマン個人がブランド化するのは、まだ「波の予兆」だ。

さあ、乗ろうぜ、このビッグウェーブ！

幸運を祈る！

カバー写真　堀内 誠
装幀　トサカデザイン（戸倉 巌、小酒保子）
構成　荒井香織
編集協力　篠原 舞
編集　箕輪厚介（幻冬舎）
山口奈緒子（幻冬舎）

# ブランド人になれ!
## 会社の奴隷解放宣言

2018年7月5日　第1刷発行
2019年9月10日　第4刷発行

著者
田端信太郎

発行者
見城 徹

発行所
株式会社 幻冬舎
〒151-0051 東京都渋谷区千駄ヶ谷4-9-7
電話　03(5411)6211 [編集]
　　　03(5411)6222 [営業]
振替　00120-8-767643

印刷・製本所
中央精版印刷株式会社

検印廃止

万一、落丁乱丁のある場合は送料小社負担でお取替致します。小社宛にお送り下さい。本書の一部あるいは全部を無断で複写複製することは、法律で認められた場合を除き、著作権の侵害となります。定価はカバーに表示してあります。

©SHINTARO TABATA, GENTOSHA 2018
Printed in Japan
ISBN978-4-344-03317-7　C0095
幻冬舎ホームページアドレス
https://www.gentosha.co.jp/

この本に関するご意見・ご感想をメールで
お寄せいただく場合は、
comment@gentosha.co.jpまで。